高新技术企业认定申请实务指导

（修订版）

郭建平　朱祖超　闻敏杰　胡峰俊　祝彩霞　主编

科学技术文献出版社
SCIENTIFIC AND TECHNICAL DOCUMENTATION PRESS

·北京·

图书在版编目（CIP）数据

高新技术企业认定申请实务指导/郭建平等主编．—修订本．—北京：科学技术文献出版社，2018.3（2025.8重印）
ISBN 978-7-5189-4158-2

Ⅰ.①高⋯　Ⅱ.①郭⋯　Ⅲ.①高技术企业—认定—研究　Ⅳ.①F276.44

中国版本图书馆 CIP 数据核字（2018）第 065857 号

高新技术企业认定申请实务指导（修订版）

策划编辑：周国臻　　责任编辑：赵　斌　　责任校对：张吲哚　　责任出版：张志平

出 版 者	科学技术文献出版社
地　　址	北京市复兴路 15 号　邮编 100038
编 务 部	（010）58882938，58882087（传真）
发 行 部	（010）58882868，58882870（传真）
邮 购 部	（010）58882873
官方网址	www.stdp.com.cn
发 行 者	科学技术文献出版社发行　全国各地新华书店经销
印 刷 者	北京虎彩文化传播有限公司
版　　次	2018 年 3 月第 1 版　2025 年 8 月第 12 次印刷
开　　本	710×1000　1/16
字　　数	221 千
印　　张	14
书　　号	ISBN 978-7-5189-4158-2
定　　价	198.00 元

版权所有　违法必究

购买本社图书，凡字迹不清、缺页、倒页、脱页者，本社发行部负责调换

作者简介

郭建平，高级工程师，科技部火炬中心高新技术企业处处长，全国高新技术企业认定管理工作领导小组办公室成员，曾任原国家科委综合计划司副处长，科技部创新基金管理中心副处长，科技部火炬中心计划处副处长、政策处处长。长期从事国家科技发展规划、年度计划编制和高新技术企业认定管理等工作，在科技计划、科技评估和高新技术企业有关政策制定等方面具有丰富的理论和实践经验，是《高新技术企业认定管理办法》和《高新技术企业认定管理工作指引》文件的主要组织与编写者之一，指导编写了《高新技术企业发展报告》《京津冀高企异地搬迁调研报告》和《我国高新技术企业发展评估报告》等报告。

朱祖超，工学博士，二级教授，浙江理工大学流体工程学科负责人，流体传输系统技术国家地方联合工程实验室主任。2005年10月—2015年7月在浙江省科技厅高新处从事高新技术企业认定等高新技术产业化管理工作。主要从事流体传输系统技术的理论研究和工程应用。作为第一完成人获国家科技进步奖二等奖1项、省部级科技进步奖二等奖4项，负责国家自然科学基金项目11项（含重点项目2项和面上项目7项）、国家863计划项目1项和省部级重大重点科技计划项目10余项。获教育部新世纪优秀人才、霍英东优秀青年教师奖、浙江省有突出贡献中青年专家和浙江省"新世纪151人才工程"重点资助人员等荣誉。发表论文70余篇，其中，SCI收录40余篇，出版专著2部，获授权发明专利20余项。

联系方式：13906507577，zhuzuchao@zstu.edu.cn

闻敏杰，工学博士，杭州三高知识产权咨询有限公司总经理，主要从事固体力学的理论研究和工程应用。负责和参与省部级科技计划项目5项，作为主编出版《工程地质学》教材1部，发表论文30余篇，其中，SCI/EI收录21篇。累计为200多家高新技术企业做过技术和财务咨询工作，对高新技术企业认定申请和科技计划项目申报代理等科技咨询工作非常熟悉。

联系方式：15267455859，373893097@qq.com

胡峰俊，工学博士，浙江树人大学教授，浙江省新材料产业协会专家咨询委员会成员。2014—2016年在浙江省科技厅高新处挂职，主要负责高新技术企业认定申报、组织管理和网络操作等工作。获浙江省科技进步奖二等奖1项，负责和参与国家自然科学基金项目4项、省部级课题6项。获浙江省高等学校优秀青年教师资助计划等荣誉，承担北大核心期刊和国外重要刊物审稿工作。发表论文20余篇，其中，SCI/EI收录15篇，获授权专利20件、软件著作权40余项。

联系方式：13666698612，jainism@msn.com

祝彩霞，注册会计师、注册税务师、管理咨询师，现为杭州英泰会计师事务所有限责任公司总经理，在高新技术企业认定申请财务等方面拥有丰富的理论知识和实践经验。2009年7月毕业于浙江工商大学财务管理专业，2009年8月—2010年8月在四川省资中县卫生局从事灾后资金的专项审计工作。2009年以来，累计为500多家高新技术企业出具高新技术企业认定申请专项审计报告，并提供后续财务管理咨询服务。

联系方式：13554215396，527264576@qq.com

前　言

《高新技术企业认定申请实务指导》于2017年5月出版。出版后受到社会有关方面的广泛关注和一致好评，销售量稳步攀高。为满足广大读者的需求，我们决定对该书进行再版，即《高新技术企业认定申请实务指导（修订版）》。

高新技术企业是发展高新技术产业和战略性新兴产业的主体力量。2008年，科技部、财政部和国家税务总局印发了《高新技术企业认定管理办法》和《高新技术企业认定管理工作指引》，2016年又对这2个文件进行了修订，进一步规范了高新技术企业认定工作，提升了政策优惠力度。高新技术企业认定，极大地推动了我国高新技术产业和战略性新兴产业的培育和发展。

高新技术企业认定是一项系统工程，认定政策性强，条件严格，认定程序严谨规范，申请材料要求高。为切实做好申请高新技术企业认定的各项准备工作，提高工作效能，我们编写了《高新技术企业认定申请实务指导（修订版）》。本书主要包括高新技术企业认定条件解读、企业材料准备和申请流程、研发费用和产品收入归集方法、认定申请书填报和撰写方法、专家评审要点解读、认定后监督和管理及认定过程中常见问题的解答等。本书内容丰富，资料翔实，系统性和操作性强，希望对高新技术企业的申请和认定有所帮助。

第1、第2和第8章由科技部火炬中心高新技术企业处郭建平处长编写，第 3 章由浙江树人大学胡峰俊教授和杭州三高知识产权咨询有限公司闻敏杰博士编写，第 4 章和第 6 章的财务部分由杭州英泰会计师事务所有限责任公司祝彩霞注册会计师和闻敏杰博士编写；第 5 章和第 6 章的技术部分由浙江理工大学朱祖超教授编写，第 7 章和附录由朱祖超教授、胡峰俊教授和闻敏杰博士编写。

本书在编写过程中，得到了有关技术和财务专家的热情鼓励和支持，吸收了他们的许多宝贵经验、意见和建议，也得到了各级科技部门有关人员的大力支持和帮助，以及浙江省高新技术企业协会的积极协助。在此，一并向他们表示衷心的感谢。

由于水平和时间所限，书中不妥之处在所难免，恳请读者批评指正。

编者

2018 年 3 月 28 日

目 录

第1章 概 论 ·· 1

  一、大力培育高新技术企业的重要意义 ······················ 1

  二、高新技术企业认定工作的发展概况 ······················ 3

  三、高新技术企业认定工作的主要流程 ······················ 8

第2章 高新技术企业认定条件解读 ······················ 10

  一、企业申请认定时需成立1年以上 ·························· 10

  二、企业通过自主研发、受让、受赠、并购等方式，获得对其主要产品（服务）在技术上发挥核心支持作用的知识产权的所有权 ·· 11

  三、对企业主要产品（服务）发挥核心支持作用的技术属于《国家重点支持的高新技术领域》规定的范围 ············ 13

  四、企业从事研发和相关技术创新活动的科技人员数占企业当年职工总数的比例不低于10% ···························· 14

  五、企业近3个会计年度的研究开发费用总额占同期销售收入总额的比例符合要求 ·································· 15

  六、近1年高新技术产品（服务）收入占企业同期总收入的比例不低于60% ·· 21

  七、企业创新能力评价应达到相应要求 ······················ 23

  八、企业申请认定前1年内未发生重大安全、重大质量事故或严重环境违法行为 ·· 26

第3章 申请认定材料准备和网络申报流程 ············ 28

  一、企业内部分工和工作要点 ································· 28

二、申请认定材料准备 ……………………………………………… 30
三、网上申报流程 …………………………………………………… 36
 附录 3-1　高新技术企业认定申请材料目录 …………………… 48
 附录 3-2　企业自评表 …………………………………………… 50
 附录 3-3　专利年费缴纳证明 …………………………………… 54
 附录 3-4　企业自立研究开发项目批准文件 …………………… 55
 附录 3-5　科技成果转化列表 …………………………………… 61
 附录 3-6　研究开发组织管理制度 ……………………………… 65
 附录 3-7　研发投入核算体系 …………………………………… 74
 附录 3-8　研发费用辅助账 ……………………………………… 81
 附录 3-9　内部科学技术研究开发机构设立文件 ……………… 83
 附录 3-10　产学研合作协议 ……………………………………… 88
 附录 3-11　科技人员培养进修制度 ……………………………… 90
 附录 3-12　职工技能培训制度 …………………………………… 94
 附录 3-13　科技人员绩效评价奖励制度 ………………………… 100

第 4 章　研发费用和高新技术产品（服务）收入归集方法 ………… 105
一、研发费用的归集方法 …………………………………………… 105
二、高新技术产品（服务）收入的归集方法 ……………………… 118
三、专项审计（鉴证）报告 ………………………………………… 120
 附表 4-1　高新技术企业和研发费用加计扣除计算口径对比表 … 124
 附表 4-2　研发部门工时考勤表 ………………………………… 129
 附表 4-3　研发人员工时汇总及工资分配表 …………………… 130
 附表 4-4　研发折旧分摊明细表 ………………………………… 131
 附表 4-5　试制品仓库明细账 …………………………………… 132

第 5 章　认定申请书填报和撰写方法 …………………………………… 133
一、认定申请书的主要内容和撰写方法 …………………………… 133
二、认定申请书各个部分的填报和撰写方法 ……………………… 134

第6章 专家评审要点解读 …… 177
一、技术专家评审要点解读 …… 177
二、财务专家评审要点解读 …… 186

第7章 认定后的监督与管理 …… 191
一、办理税收减免手续 …… 191
二、提升科技创新能力 …… 193
三、准备后期备查材料 …… 194
四、重大变化事项报告 …… 195
五、年报申报 …… 197

第8章 有关问题解答 …… 200
一、关于认定条件 …… 200
二、关于证明材料 …… 205
三、关于中介机构和专家 …… 205
四、关于税收优惠享受 …… 206
五、关于监督管理 …… 206
六、关于网络填报 …… 208

第1章 概 论

企业是引领社会创新发展的主体,高新技术企业群体是创新型企业的群体,是高新技术产业的主力军和领头羊,是助力经济转型升级的驱动力量,是衡量一个地区经济结构、现代化程度、产业竞争力的重要标志。2017年12月,中央经济工作会议提出大力培育新动能,培育一批具有创新能力的排头兵企业,高新技术企业作为百万企业群体中的精华企业,做好新时代具有创新能力的排头兵企业是理所当然、义不容辞的。全国各地正在把培育高新技术企业工作作为加快高新技术产业发展和战略性新兴产业培育的重要抓手和具体实践,扎实开展高新技术企业认定管理各项工作。

一、大力培育高新技术企业的重要意义

当前,我国经济已由高速增长阶段转向高质量发展阶段,正处在转变发展方式、优化经济结构、转换增长动力的攻关期,必须坚持质量第一、效益优先。高新技术企业是在《国家重点支持的高新技术领域》内,持续进行研究开发与技术成果转化,形成企业核心自主知识产权,并以此为基础开展经营活动的企业。高新技术企业的发展对于促进科技与经济的结合,推动高新技术产业发展,转变经济增长方式,实现经济又好又快发展具有重要的意义。

(一)抓好高新技术企业培育就是抓住了创新驱动发展的"牛鼻子"

习近平总书记在十九大报告中提出"培育具有全球竞争力的世界一流企业";他在关于京津冀协同发展的重大战略思想中明确提出"京津冀协同发展根本要靠创新驱动,要大力培育引进高新技术企业,促进创新要

素向企业集聚"。高新技术企业就是实施创新驱动战略的"牛鼻子",是实施创新驱动战略的先锋队。培育高新技术企业是推动创新驱动发展战略的重要抓手,也是实现新旧动能转化的重要抓手,是企业创新的起点,也是推动企业上台阶的重要一步。

（二）高新技术企业是发展高新技术产业和战略性新兴产业的主体力量

企业是发展高新技术产业和战略性新兴产业、促进调整产业结构和实现经济发展方式转变的主体力量,尤其是具有科技创新能力和核心竞争能力的高新技术企业,她已经在高新技术产业发展和产业结构调整方面发挥了主力军的作用。截至2017年年底,全国通过认定并在有效期内的高新技术企业共有13.6万家。占全国工业企业1/4的高新技术企业,其研发支出已占全国企业研发总支出的64%,每万人拥有的发明专利是全国平均水平的19倍。据统计,2016年全国高新技术企业共计10.4万家,享受企业所得税优惠共1473亿元,上缴税费总额达13 159亿元,营业总收入达261 094亿元,出口达4695亿美元。

（三）大力培育高新技术企业已成为科技工作的核心内容

科技是经济的一部分,科技创新在现代化经济体系建设中起着战略支撑作用,科技发展与技术进步是实现创新的主要手段,而以发展实体经济、树立企业为主体的意识则是科技与经济紧密结合、助推经济发展的关键。经过多年的探索和实践,特别是经过2011年开始的中关村国家自主创新示范区各项支持创新政策的多年试点实践与推广,全国许多地区在推动创新驱动发展方面,结合本地实际相继出台多种政策,出台了类似"完善股权激励和技术入股所得税政策"的中关村6+1政策及后续政策文件等,而最集中、最突出的就是培育高新技术企业的政策。主要体现在吸引人才、鼓励申请高新技术企业、鼓励研发投入、鼓励建设研发中心、鼓励拥有核心自主知识产权等。在国家层面,科技部会同财政部、国家税务总局根据经济与科技发展要求,结合产业发展特别是考虑到新兴产业的发展实际,2016年修订颁布了《高新技术企业认定管理办法》和《高新技术企业认定管理工作指引》,为高新技术企业认定及享受税收优惠提供了更加宽松的条件和发展环境。目前，科技工作围绕人才培育方面，特别是青年科技人才等高层次科技人才的培育，更加注重培育来自企业生产一线了解市场需要的人才；在平台建设方面，更加注重加快推进以企业为主体，建设国家重点实验室和工程技术研究中心等企业科技创新平台；在科研项目方面，更加注重有序推进以企业为主体组织实施国家重点研发计划项目。这些都充分说明了提升企业创新能力，加快高新技术企业发展已经成为科技工作的核心内容，推动高新技术企业更好、更快发展，也将继续成为今后科技工作助推经济发展的重点工作。

（四）培育高新技术企业是科技与经济紧密结合的集中体现

多年来，如何化解科技与经济两张皮，使之相互促进融合发展的问题，一直困扰着我们。研究机构对最先进知识和前沿技术的研究与产业最需要的适用技术之间的不对称，国家战略需求和国家导向科技项目与产业创新链之间的不对称，研究机构和企业在市场需求、课题研究、技术开发、成果转化和产业化环节的固有能力之间的不对称，是形成科技与经济两张皮的主要原因。要推动科技与经济的紧密结合，破解科技与经济两张皮问题，整体提升企业管理水平和创新能力，提高企业的市场竞争力，发展和培育高新技术企业是突破口。一是要把产业核心技术作为研究和开发的核心内容，使企业拥有主营高新技术产品核心技术的知识产权；二是要充分发挥企业在科技创新和产品开发中的主体地位，让企业真正成为对产品、研发、市场、标准等有发言权的主体。因而，要使企业成为行业中的优质创新型企业团队，成为推动产业发展技术进步的主力军，成为国际市场竞争中的排头兵企业，则必须高度重视培育高新技术企业，进而推动科技与经济紧密结合。

二、高新技术企业认定工作的发展概况

20世纪90年代初，国务院批准建立国家高新技术产业开发区，一大批科技人员进入高新区创办高新技术企业，拉开了我国高新技术企业发展的序幕。20多年来，根据国家高新技术产业发展战略导向，高新技术企业认定政策也经历了几次调整，按其政策演变可分为启动认定（1991—

1999年)、标准提升(2000—2007年)、全国推广(2008—2015年)、完善强化(2016年至今)4个阶段。

(一)启动认定(1991—1999年)

为了建立我国的高新技术产业,促进高新技术企业快速发展,国务院于1991年发布《国务院关于批准国家高新技术产业开发区和有关政策规定的通知》(国发〔1991〕12号),其中有3个附件,附件一是《国家高新技术产业开发区高新技术企业认定条件和办法》,附件二是《国家高新技术产业开发区若干政策的暂行规定》,附件三是《国家高新技术产业开发区税收政策的规定》。通知中授权原国家科委组织地方科技部门开展国家高新区内高新技术企业认定工作,并配套制定了财政、税收、金融、贸易等一系列优惠政策,其中以高新技术企业享受15%企业所得税优惠(当时一般企业为33%)为主要支持政策,并由税务部门负责落实税收优惠政策。明确应定期(但未提出定期的时间要求)按规定条件对高新技术企业进行考核,不符合条件的高新技术企业,不得享受国家高新区的各项政策规定;企业用于高新技术及其产品研究、开发的经费应占本企业每年总收入的3%以上。

1996年,根据发展的需要将高新技术企业认定范围扩展到国家高新区外,原国家科委发布了《关于国家高新技术开发区外高新技术企业认定工作有关执行规定的通知》(国科发火字〔1996〕018号)。但是,高新区外认定的高新技术企业不享受企业所得税15%的税收优惠。明确提出省级科委应每年按规定条件对开发区外高新技术企业进行复核。对连续两年不符合上述条件的企业,应取消其高新技术企业名称及资格。

这一时期全国高新技术企业认定工作的管理部门是原国家科委,各地科技管理部门负责本地区高新技术企业认定工作。

(二)标准提升(2000—2007年)

1999年,中共中央、国务院召开全国科技大会之后,我国高新技术产业进入全面发展的新阶段。高新技术及其产业发展的内容出现在各种政策规划中,作为推动科技进步、经济发展的主旋律贯穿各种政策、规划。同时,一些专门支持高新技术产品、高新技术企业、高新技术产业的政策、规划及配套细则相继出台，支撑高新技术产业发展的政策、规划更加全面和系统。根据新的形势要求，科技部再次修订了国家高新区内高新技术企业认定标准，发布《国家高新技术开发区高新技术企业认定条件和办法》（国科发火字〔2000〕324号）。明确了省、市科技行政管理部门会同高新区管委会对经认定的高新技术企业每两年进行资格复审。不合格者，取消其高新技术企业的资格。

这一时期全国高新技术企业认定工作的管理部门是科技部，仍由各地科技管理部门负责本地区高新技术企业认定工作。

（三）全国推广（2008—2015年）

《国家中长期科学与技术发展规划纲要（2006—2020年)》实施以来，为贯彻党中央关于走中国特色自主创新道路、建设创新型国家的战略部署，配合落实2007年3月全国人大通过的《企业所得税法》中提出的对国家重点扶持的高新技术企业的税收优惠政策，从而提升我国高新技术企业自主创新能力，实现产业升级发展。经国务院批复，2008年4月，由科技部、财政部和国家税务总局联合制订的《高新技术企业认定管理办法》（国科发火〔2008〕172号）正式颁布，同年7月，出台配套文件《高新技术企业认定管理工作指引》（国科发火〔2008〕362号）。《高新技术企业认定管理办法》中明确高新技术企业有效期改为3年，3年到期后需复审认定。在这一文件中，首次提出知识产权是高新技术企业的必要条件，也是认定时的一票否决条件；首次将研发经费占企业销售收入之比按3%、4%、6% 3挡划分，且计算方法改为申请前近3个会计年度的研发费用总额占销售收入总额之比；首次提出企业要建立研发费用辅助账；首次采用百分制、70分以上合格的定量评价方法，对企业核心自主知识产权、科技成果转化能力、研究开发的组织管理水平及包括企业总资产和销售额成长性等指标进行评判。

这一时期全国高新技术企业认定工作的管理部门增加了财政部、国家税务总局，并由科技部、财政部、国家税务总局相关领导组成"全国高新技术企业认定管理工作领导小组"，负责指导全国高新技术企业认定管理工作，下设办公室在科技部火炬高技术产业开发中心，负责处理日常工作。

由各地（36个省级和计划单列市级）科技、财政、国税、地税管理部门相关人员组成当地高新技术企业认定管理机构，负责本地区高新技术企业认定管理工作。

（四）完善强化（2016年至今）

中共中央、国务院2012年6号文件《关于深化科技体制改革，加快国家创新体系建设的意见》提出"完善高新技术企业认定办法，落实相关优惠政策"的要求，科技部、财政部和国家税务总局联合重新修订《高新技术企业认定管理办法》。2016年1月，经国务院批复，科技部、财政部、国家税务总局颁布新的《高新技术企业认定管理办法》（国科发火〔2016〕32号），同年6月颁布《高新技术企业认定管理工作指引》（国科发火〔2016〕195号）。原《高新技术企业认定管理办法》（国科发火〔2008〕172号）和《高新技术企业认定管理工作指引》（国科发火〔2008〕362号）同时废止。新修订的《高新技术企业认定管理办法》中明确高新技术企业有效期为3年，3年到期后需重新认定（取消复审）。

自1991年开始，全国高新技术企业认定采用统一标准，内外资企业一视同仁。特别是自2008年以来，科财税3部门联合管理全国高新技术企业认定工作，从认定到认定后的监督检查，以及税收落实工作，国家到地方各级科财税人员严格管理、肩负重任、承受压力，处理了各种涉及高新技术企业政策问题，保证了高新技术企业政策的方向不变、初衷不改。多年来，全国高新技术企业认定管理工作进展顺利，应该说，各级科财税涉及高新技术企业的工作人员功不可没。

高新技术企业政策是一项激励企业自主创新的科技税收政策，高新技术企业群体在调结构、转方式、稳增长中发挥了积极作用，高新技术企业政策成效显著，主要在于：

①高新技术企业群体更加壮大。高新技术企业数量稳步提升，高新技术企业群体发展迅速。截至2017年年底，全国有效期内高新技术企业已达13.6万家。

②税收优惠以一带十。税收优惠政策对高新技术企业发挥了明显的杠杆作用。2016年全国高新技术企业享受企业所得税减免约1400亿元，而实际上缴税费近1.4万亿，起到了以一带十的作用。

③引导企业自主创新。自2008年新高新技术企业政策实施以来，高新技术企业群体的自主创新能力显著提高。占全国工业企业1/4的高新技术企业，研发支出已占全国企业研发总支出的64%。每万人拥有的发明专利是全国平均水平的19倍。高新技术企业已步入良性发展轨道。

④企业效益增长显著。调查显示，由于具有知识产权，高新技术企业在2008—2009年金融危机中受到的冲击最小，高新技术企业政策经受住了考验；大多数高新技术企业在调结构、转方式中稳步前行。几年来，全国高新技术企业的营业总收入和利润年均增长20%，主要缘于高新技术企业自主创新能力的提高。

⑤支撑服务资本市场。2016年，高新技术企业占全部主板上市企业的33%，在中小板中占70%，在创业板中占93.5%，越来越显示出高新技术企业政策成为创新驱动发展的"牛鼻子"。

⑥吸引外资企业聚集。高新技术企业政策对内外资企业一视同仁。高新技术企业中的外资企业既显示出了较强的创新能力和高新技术产品的市场竞争力，又因高新技术企业政策享受到了实惠。2016年，外资高新技术企业占高新技术企业总数的9.2%，享受税收优惠总额中外资高新技术企业占26%，户均减免所得税优惠437.3万元，是内资企业的3.5倍。

⑦高新技术企业税制地位重要。在企业所得税优惠政策类别中，对高新技术企业的减免优惠占比最高，分量最重。

2013年9月，G20和OECD国家共同启动了《税基侵蚀和利润转移项目行动计划》（BEPS），旨在全球范围内建立公平、现代化的国际税收体系，打击有害税收竞争。中国及其他G20国家以平等身份参与了该项目，并做出相应承诺。我国高新技术企业税制于2015年3月列入论坛审议，历经2年3个月4次列入OECD有害税收实践论坛审议，最终新修订的高新技术企业政策在2017年5月会议上以"无害"结论通过审议，高新技术企业政策支持科技型企业自主研发为主、创新发展的初衷和政策方向得到实践论坛的肯定。

这一时期国家和地方高新技术企业认定管理工作的管理部门没有改变。

三、高新技术企业认定工作的主要流程

2016年起始，全国高新技术企业认定工作按照科技部、财政部和国家税务总局新颁发的《高新技术企业认定管理办法》（国科发火〔2016〕32号）和《高新技术企业认定管理工作指引》（国科发火〔2016〕195号）进行，认定工作流程大致如下：

①自我评价。申请认定企业认为符合高新技术企业认定条件的，先在"高新技术企业认定管理工作网"（网址 www.innocom.gov.cn）注册登记，向认定机构提出认定申请并提交申请材料，对另行建立认定工作网的认定机构所管辖的申请认定企业，也可以在当地认定工作网注册。例如，浙江省自行建立了浙江省高新技术企业认定管理工作网，浙江省（除宁波市外）管辖内的申请认定企业还需在浙江省高新技术企业认定管理工作网上传相关材料。

②县市初审。一些地区采取县市级初审的办法，主要是对企业申报材料进行形式审查，申请材料形式审查合格者向省级认定机构推荐。在认定办法中没有规定一定要有县市级初审这一关，但对已经建立了申请认定企业所辖县（市、区）先行形式审查工作制度的地区，应成为帮助企业完善申请材料、及时提交专家评审的企业服务者，特别应提醒企业所提交申请材料的真实性，而不应成为企业申请的障碍。

③专家评审和报备。认定机构应在符合评审专家要求的专家库里，随机抽取至少3位技术专家和至少1位财务专家组成专家组进行评审，其中，技术专家填写"高新技术企业认定技术专家评价表"，财务专家填写"高新技术企业认定财务专家评价表"，组长填写"专家组综合评价表"。认定机构结合专家组评审意见，对申请认定企业进行综合审查，提出认定意见及企业名单，于当年11月底前报全国高新技术企业认定工作领导小组办公室备案。

④公示公告。认定报备的企业名单由全国高新技术企业认定工作领导小组办公室在"高新技术企业认定管理工作网"公示10个工作日。无异议的，予以备案，核发证书编号，并在"高新技术企业认定管理工作网"公告，由认定机构向企业颁发统一印制的"高新技术企业证书"；有异议

的，由认定机构核实处理。

⑤享受优惠。企业可持"高新技术企业证书"及其复印件，按照《中华人民共和国企业所得税法》和《中华人民共和国企业所得税法实施条例》等有关法规的规定，自高新技术企业证书颁发之日（同公示起始时间）所在年度起享受减按15%缴纳企业所得税的税收优惠，到当地主管税务机关办理相关手续。

第 2 章　高新技术企业认定条件解读

根据科技部、财政部、国家税务总局修订印发的《高新技术企业认定管理办法》（国科发火〔2016〕32 号，以下简称《认定办法》）和《高新技术企业认定管理工作指引》（国科发火〔2016〕195 号，以下简称《工作指引》）的通知，认定为高新技术企业必须同时满足以下 8 个条件。本章主要对这 8 个条件进行解读，并针对申请认定企业根据这 8 个条件准备相关材料进行说明。

一、企业申请认定时需成立 1 年以上

（一）解读

《认定办法》中"须注册成立 1 年以上"是指企业须注册成立 365 个日历天数以上，即申请认定企业营业执照上的注册时间与申请认定通知文件规定申报截止日期的间隔必须大于 365 个日历天数。

（二）说明

申请认定企业和地方认定机构在申报和认定时主要存在如下误解：①如企业为 2017 年申请，其注册时间需要满 1 年以上，即企业注册时间在 2016 年 1 月 1 日之前；②如企业为 2017 年申请，其销售开始时间必须为 2016 年 1 月 1 日之前；③如企业为 2017 年申请，以企业申请认定获得通过的公示日为准来计算注册成立 1 年以上。

二、企业通过自主研发、受让、受赠、并购等方式，获得对其主要产品（服务）在技术上发挥核心支持作用的知识产权的所有权

（一）解读

①高新技术企业认定所指的知识产权须在中国境内授权或审批审定，并在中国法律的有效保护期内。知识产权权属人应为申请企业，即权属人必须与申请企业营业执照上的公司名称一致。

②高新技术企业认定中，对企业知识产权情况采用分类评价方式。其中，发明专利（含国防专利）、植物新品种、国家级农作物品种、国家新药、国家一级中药保护品种、集成电路布图设计专有权等按Ⅰ类评价；实用新型专利、外观设计专利、软件著作权等（不含商标）按Ⅱ类评价。

③按Ⅱ类评价的知识产权在申请高新技术企业时，仅限使用1次。

④在申请高新技术企业及高新技术企业资格存续期内，知识产权有多个权属人时，只能由1个权属人在申请时使用。

⑤申请认定时，专利的有效性以企业申请认定前获得授权证书或授权通知书并提供缴费收据为准。

⑥发明专利、实用新型专利、外观设计专利和集成电路布图设计专有权可在国家知识产权局网站（http：//www.sipo.gov.cn）查询专利标记和专利号；国防专利须提供国家知识产权局授予的国防专利证书；植物新品种可在农业部植物新品种保护办公室网站（http：//www.cnpvp.cn）和国家林业局植物新品种保护办公室网站（http：//www.cnpvp.net）查询；国家级农作物品种是指农业部国家农作物品种审定委员会审定公告的农作物品种；国家新药须提供国家食品药品监督管理局签发的新药证书；国家一级中药保护品种须提供国家食品药品监督管理局签发的中药保护品种证书；软件著作权可在国家版权局中国版权保护中心网站（http：//www.ccopyright.com.cn）查询软件著作权标记（亦称版权标记）。

（二）说明

①针对"知识产权须在中国境内授权或审批审定"的定义，很多申请企业在申请认定时误将国外专利计入相应数量；这里说明的是国外专利仅可作为科技成果转化或企业的技术水平获得的阶段性成果，不能作为符合认定条件要求的知识产权。

②涉及知识产权的权属人问题，申请企业在公司名称变更后，特别是一些已进行股份制改造但其知识产权权属人未进行变更的企业，其知识产权权属人不能确定为名称变更后的申请认定企业。

③针对解读③中，申请企业误认为申请高新技术企业认定必须要有发明专利授权。这里要说明的是，没有Ⅰ类知识产权也可申请高新技术企业认定，但没有发明专利等Ⅰ类知识产权，在技术专家对企业自主创新能力评价中的分数会相对偏低。

④涉及Ⅱ类知识产权仅限使用1次的问题，重新申请认定的企业误认为2016年为新《认定办法》实施的第1年，之前获得且使用过的Ⅱ类知识产权仍可以使用。这里需要指出的是，重新认定企业对于之前使用过的Ⅱ类知识产权是不能计入的，而Ⅰ类知识产权可重复使用。

⑤针对解读⑤中申请企业获得的知识产权为多个权属人情况，特别是集团公司及新成立的相关联公司等，若有一个权属人在申请高新技术企业认定时已使用后又用于新公司或相关联公司继续申请高新技术企业认定使用，无论是Ⅰ类还是Ⅱ类知识产权都是不允许2个权属人同时或重复使用的。若有多个企业是共同权属人的，需要申请认定企业提供其他共有权属人企业不以此知识产权申请高新技术企业认定的承诺书或相关证明材料。

⑥针对专利等知识产权有效性问题，申请认定企业存在如下误区：a. 认为只有拿到专利证书才能申请认定；b. 认为申请受理通知书拿到就能申请认定；c. 认为专利证书拿到后无须缴纳年费，即可申请认定。这里要说明的是，专利授权通知书或授权证书都可作为有效知识产权，但必须缴纳年费且保证申请认定通过后未来3年内（重新认定前）有效。

⑦针对知识产权与产品的核心技术相关性问题，很多申请认定企业在申报专利时未考虑其在技术领域和产品核心技术的支持作用，这是目前存在的最大问题。例如，有企业生产的婴儿奶粉，其核心技术为婴儿奶粉的

配方技术，而申报专利为老年奶粉的配方；有企业生产的有铬山羊皮，而申报专利为无铬复鞣工艺等。上述问题无论在判断知识产权的相关度，还是自主创新能力评价都是专家评审、认定过程和认定后抽查需要重点审查的问题，审查时主要通过高新技术产品（服务）表（PS表）的关键技术、技术指标和与以往产品的竞争优势等判断知识产权与产品的核心技术相关度。

三、对企业主要产品（服务）发挥核心支持作用的技术属于《国家重点支持的高新技术领域》规定的范围

（一）解读

①高新技术产品（服务）是指：对产品（服务）主要竞争优势发挥核心支持作用的关键技术，属于《国家重点支持的高新技术领域》（以下简称《技术领域》）规定范围的产品（服务）。

②主要产品（服务）是指高新技术产品（服务）中，拥有在技术上发挥核心支持作用的知识产权的所有权，且收入之和在企业同期高新技术产品（服务）收入中超过50%的产品（服务）。

（二）说明

①有些企业和当地认定办认为传统产品，如袜子、窗帘、沙发面料等，不能报高新技术企业。这里要注意的是，该条件明确为通过关键技术来判断是否为高新技术产品，而不是产品本身是否为传统产品。《认定办法》规定，对产品（服务）主要竞争优势发挥核心支持作用的关键技术属于《技术领域》规定范围的产品（服务），就是高新技术产品（服务）。根据该规定，传统产品也可以是高新技术产品，只要其关键技术符合要求。

②申请认定企业对高新技术产品（服务）的定义理解有问题，误认为高新技术产品就是具有专利技术的产品。根据《认定办法》规定，只要对产品（服务）主要竞争优势发挥核心支持作用的关键技术属于《技术领域》要求的，就是高新技术产品（服务），对关键技术拥有知识产权的高新技术产品（服务）即为具有核心自主知识产权的高新技术产品

（服务），而且要确保具有核心自主知识产权的高新技术产品（服务）要占其同期高新技术产品（服务）的50%以上。

③申请认定企业在判断该企业申报的技术是否符合《技术领域》要求时，误从研究开发项目表（RD表）入手判断。这里要说明的是，判断该企业申报的技术是否符合《技术领域》要求，应从高新技术产品（服务）（PS表）的关键技术、与同类产品的竞争优势和技术指标三者间是否存在矛盾性来判断。此外，也可参考申请认定企业拥有的专利技术来选择技术领域。

四、企业从事研发和相关技术创新活动的科技人员数占企业当年职工总数的比例不低于10%

（一）解读

企业科技人员占比是指企业科技人员数与当年职工总数的比值。

①企业科技人员是指直接从事研发和相关技术创新活动，以及专门从事上述活动的管理和提供直接技术服务的，全年累计实际工作时间在183天以上的人员，包括在职、兼职和临时聘用人员。

②企业职工总数包括企业在职、兼职和临时聘用人员。在职人员可以通过企业是否签订了劳动合同或缴纳社会保险费来鉴别；兼职、临时聘用人员全年须在企业累计工作183天以上。

③企业当年职工总数和科技人员数均按照全年月平均数进行计算和统计。

$$月平均数 =（月初数 + 月末数）\div 2$$
$$全年月平均数 = 全年各月平均数之和 \div 12$$

年度中间开业或者终止经营活动的，以其实际经营期作为一个纳税年度确定上述相关指标。

（二）说明

①申请认定企业对科技人员的理解有误，误认为科技人员一定为专职研发人员。需要指出的是，根据科技人员的定义，除专职研发人员外的科

技人员还包括提供相关技术创新活动管理和直接提供技术服务两类人员。例如，直接提供技术服务的品管部、检测中心及车间骨干人员等；从事管理的有技术副总、生产副总等，但是前提条件为全年累计实际工作时间在183天以上的人员（自申请认定前一年12月底为准）。

②申请认定企业误认为只有在职人员才能计入科技人员。这里要说明的是，根据科技人员的定义，除在职人员外还包括兼职和临时聘用人员。

③申请认定企业对职工总数的定义理解有误。这里要注意的是，凡签订了劳动合同或缴纳社会保险费的在职人员，以及在企业全年累计工作183天以上的兼职或临时聘用人员都可计入。申请认定企业可参考工资列支名单作为依据。

④申请认定企业对统计方法理解有误，将近1年的12月工资表人数作为科技人员的统计依据。这里要注意的是，当年职工总数、科技人员数均按照全年月平均数计算，可参考所得税纳税申报表填写人数。

⑤申请认定企业对当年职工总数的理解有误，误认为申请认定前连续3年的科技人员数必须要达到职工总数的10%。这里要说明的是，根据上述条件，认定前两年不一定要达到相应的比例，仅为近1年占比达到要求即可。

⑥申请认定企业对科技人员的工作岗位填写理解有误。在申请认定时要求标注科技人员的工作岗位，评审时也可判断该人是否属于科技人员。这里要注意的是，科技人员的工作岗位应填写市场调研和数据采集、样品图纸设计、工艺配方设计、工艺控制技术、样品测试和中试等按科研活动过程设定的岗位。

五、企业近3个会计年度的研究开发费用总额占同期销售收入总额的比例符合要求

对最近1年销售收入少于5000万元（含）的企业，企业研究开发费用比例不低于5%；最近1年销售收入为5000万~2亿元（含）的企业，比例不低于4%；最近1年销售收入在2亿元以上的企业，比例不低于3%。其中，企业在中国境内发生的研究开发费用总额占全部研究开发费用总额的比例不低于60%。

（一）解读

企业研究开发费用比例是企业近 3 个会计年度的研究开发费用总额占同期销售收入总额的比值。

1. 研究开发活动的定义及判断

研究开发活动是指，为获得科学与技术（不包括社会科学、艺术或人文科学）新知识，创造性运用科学技术新知识，或实质性改进技术、产品（服务）、工艺而持续进行的具有明确目标的活动。不包括企业对产品（服务）的常规性升级或对某项科研成果直接应用等活动（如直接采用新的材料、装置、产品、服务、工艺或知识等）。

专家评价过程中可参考如下方法判断：

——行业标准判断法。若国家有关部门、全国（世界）性行业协会等具备相应资质的机构提供了测定科技"新知识""创造性运用科学技术新知识"或"具有实质性改进的技术、产品（服务）、工艺"等技术参数（标准），则优先按此参数（标准）来判断企业所进行项目是否为研究开发活动。

——专家判断法。如果企业所在行业中没有发布公认的研发活动测度标准，则通过本行业专家进行判断。获得新知识、创造性运用新知识及技术的实质改进，应当是取得被同行业专家认可的、有价值的创新成果，对本地区相关行业的技术进步具有推动作用。

——目标或结果判定法。在采用行业标准判断法和专家判断法不易判断企业是否发生了研发活动时，以本方法作为辅助。重点了解研发活动的目的、创新性、投入资源（预算），以及是否取得了最终成果或中间成果（如专利等知识产权或其他形式的科技成果）。

2. 研究开发费用的归集范围

（1）人员人工费用

包括企业科技人员的工资薪金、基本养老保险费、基本医疗保险费、失业保险费、工伤保险费、生育保险费和住房公积金，以及外聘科技人员的劳务费用。

（2）直接投入费用

直接投入费用是指企业为实施研究开发活动而实际发生的相关支出。

包括：

——直接消耗的材料、燃料和动力费用；

——用于中间试验和产品试制的模具、工艺装备开发及制造费，不构成固定资产的样品、样机及一般测试手段购置费，试制产品的检验费；

——用于研究开发活动的仪器、设备的运行维护、调整、检验、检测、维修等费用，以及通过经营租赁方式租入的用于研发活动的固定资产租赁费。

（3）折旧费用与长期待摊费用

折旧费用是指用于研究开发活动的仪器、设备和在用建筑物的折旧费。

长期待摊费用是指研发设施的改建、改装、装修和修理过程中发生的长期待摊费用。

（4）无形资产摊销费用

无形资产摊销费用是指用于研究开发活动的软件、知识产权、非专利技术（专有技术、许可证、设计和计算方法等）的摊销费用。

（5）设计费用

设计费用是指为新产品和新工艺进行构思、开发和制造，进行工序、技术规范、规程制定、操作特性方面的设计等发生的费用，包括为获得创新性、创意性、突破性产品进行的创意设计活动发生的相关费用。

（6）装备调试费用与试验费用

装备调试费用是指工装准备过程中研究开发活动所发生的费用，包括研制特殊、专用的生产机器，改变生产和质量控制程序，或制定新方法及标准等活动所发生的费用。

为大规模批量化和商业化生产所进行的常规性工装准备和工业工程发生的费用不能计入归集范围。

试验费用包括新药研制的临床试验费、勘探开发技术的现场试验费、田间试验费等。

（7）委托外部研究开发费用

委托外部研究开发费用是指企业委托境内外其他机构或个人进行研究开发活动所发生的费用（研究开发活动成果为委托方企业拥有，且与该企业的主要经营业务紧密相关）。委托外部研究开发费用的实际发生额应按照独立交易原则确定，按照实际发生额的80%计入委托方研发费用总额。

(8) 其他费用

其他费用是指上述费用之外与研究开发活动直接相关的费用，包括技术图书资料费，资料翻译费，专家咨询费，高新科技研发保险费，研发成果的检索、论证、评审、鉴定、验收费用，知识产权的申请、注册、代理费用，会议费，差旅费，通信费等。此项费用一般不得超过研究开发总费用的20%，另有规定的除外。

3. 企业在中国境内发生的研究开发费用

企业在中国境内发生的研究开发费用，是指企业内部研究开发活动实际支出的全部费用与委托境内其他机构或个人进行的研究开发活动所支出的费用之和，不包括委托境外机构或个人完成的研究开发活动所发生的费用。受托研发的境外机构是指依照外国（地区）和我国港、澳、台地区法律成立的企业和其他取得收入的组织；受托研发的境外个人是指外籍（含我国港、澳、台地区）个人。

4. 企业研究开发费用归集办法

企业应正确归集研发费用，由具有资质并符合《工作指引》相关条件的中介机构进行专项审计或鉴证。

企业的研究开发费用是以单个研发活动为基本单位分别进行测度并加总计算的。企业应对包括直接研究开发活动和可以计入的间接研究开发活动所发生的费用进行归集。

企业应按照"企业年度研究开发费用结构明细表"设置高新技术企业认定专用研究开发费用辅助核算账目，提供相关凭证及明细表，并按《工作指引》要求进行核算（具体归集方法将在第4章详细阐述）。

5. 销售收入

销售收入为主营业务收入与其他业务收入之和，可按照企业所得税年度纳税申报表的口径计算。

(二) 说明

①申请企业对"最近1年"与"近3个会计年度"的理解有误，误认为申请认定前3年中每一年的研发费用比例必须达到相应要求。这里需

要说明的是,"最近1年"指企业申请认定前一个会计年度;"近3个会计年度"是指企业申请认定前的连续3个会计年度(不含申报年)。因此,研发费用比例的确定与最近1年的销售收入有关,而申请认定企业研发费用具体占比要根据近3个年度的研发费用总额占同期销售收入总额来确定。

②申请认定企业对销售收入的理解有误,在计算时误认为是主营业务收入。例如,某企业2016年主营业务收入为4689.36万元,其他业务收入为752.12万元。该企业在2017年申请认定时,误认为近3个会计年度的研发费用必须要占相应销售收入的5%以上才能申报。这里要注意的是,销售收入应为营业收入,针对上述情况的营业收入为5441.48万元。因此,相应的研发费用占比要求为不低于4%,而不是不低于5%。

③申请认定企业对"在中国境内发生的研究开发费用总额占全部研究开发费用总额的比例不低于60%"的理解有误,误认为在中国境内发生的研究开发费用在近3个会计年度中每一年都必须不低于60%。这里要说明的是,根据上述条件,任意一年度在中国境内发生的研发费用可低于60%,但只要近3个会计年度在中国境内发生的研发费用总额占同期研发费用总额的比例不低于60%即可。

④针对"人员人工费用"的定义,很多申请认定企业误认为五险一金和外聘科技人员的劳务费用不能归集在研发费用中,却把相应科技人员发放的工作服、日用品等福利费用归集在研发费用中。这里要说明的是,根据上述解读,五险一金和外聘科技人员的劳务费用属于研发费用的归集范围,但外聘科技人员必须签订相应的聘用合同(在合同中披露相应的工作内容、岗位和薪酬等),而工作服、日用品等福利费用不属于研发费用的归集范畴。

⑤针对"直接投入费用"的定义,很多申请认定企业将所有制造产品的模具费用都归入直接投入费用。这里要注意的是,绝大多数模具是用于生产制造产品的,申请认定企业将所有模具费用列入研发费用欠妥,不符合实际情况;另外,用于研发活动的房屋、检测设备租赁费应列入直接投入费用,而不是列入"折旧费用与长期待摊费用"。

⑥针对"折旧费用与长期待摊费用"的定义,用于研发活动的检测仪器、中试设备及研发活动专用的建筑面积都应列入折旧费用。

⑦针对"无形资产摊销费用"的定义，很多申请认定企业都误认为知识产权都是无形资产，而误将相应的费用列入其中。这里要注意的是，未形成无形资产的知识产权费用应归集在"其他费用"中，但购买的知识产权可直接列入研究开发费用。

⑧针对"设计费用"的定义，很多申请认定企业往往将"设计费用"与"委托外部研究开发费用"混淆，设计费用是为产品的开发而做相应的图纸、工艺、技术规范等设计产生的费用，委托外部研究开发费用是为了产品的开发，全权委托具有相应技术开发资质的第三方企业、个人或研发机构研发而产生的费用。这里要注意的是，设计必须要签订相应的合同（合同条款中必须包括项目名称、设计内容、要求、时间节点、设计单位等内容）。

⑨"装备调试费用与试验费用"是指工装准备过程中研究开发活动所发生的费用。用于产品试制过程中的中试设备改造、改变生产和质量控制程序等的设备改造及日常的生产设备维修费用等，都不能作为研发费用。归集为装备调试费用的相关装备改造或研发项目，在项目实施前应签订相应的合同（合同条款中应写明改造设备的内容、项目名称、时间节点、完成的要求和目标等）。另外，这里的试验费用不要与"直接投入费用"中的检测费用混淆。这里的试验费用是指新产品、新装备的现场试验费、新药研制的临床试验费、勘探开发技术的现场试验费和田间试验费等。在试验前也应该签订合同以作为原始证明材料。

⑩针对"委托外部研究开发费用"的定义，很多申请认定企业存在以下问题：a. 委托外部研究开发费用的合同不规范；b. 未按照独立交易原则确定。这里要注意的是，第一，委托境内外其他机构或个人进行研发活动所发生的费用都可列支；第二，在合同条款中必须披露研发获得成果为委托方企业拥有，且与该企业的主营业务紧密相关；第三，针对某个特定研发活动，应遵循独立交易原则，例如，甲企业委托乙企业技术开发后形成的产品再卖给乙方，从中扣除相应的成本确认收入，这种情况是不允许的；第四，中介机构在对研发费用进行专项审计时，应按实际发生额的80%计入研发费用；第五，委托开发合同条款中应写明项目名称、时间节点、研究内容、技术指标、金额及付款方式、获得成果名称等内容；第六，相应费用开具的发票名称应为"技术开发费"，而不应为"技术服务

费"或其他名称。

⑪其他费用不得超过研发总费用的20%，是指近3个会计年度所有研究开发项目的其他费用总额不能超过研究开发费用总额的20%，科技人员差旅费和专家咨询费等可以归集到其他费用里。科技人员产生的住宿、车票等差旅费用报销时的报销单等原始凭证填写要明确，并应该注明某个特定项目、报销人和报销时间等内容。专家咨询费用的原始凭证要保留完整，不能仅有专家的签字，还应有专家的身份证和联系手机等信息。餐饮等业务招待费用不能归集在其他费用。

⑫针对高新技术企业认定专用研究开发费用辅助核算账目和提供相关凭证及明细表的定义，很多申请认定企业理解有误，误认为仅需建立相应的研发台账即可，而财务账、仓库明细账等根本未体现研发活动所产生的费用。"研究开发费用辅助核算账目"是在研发费用按"管理费用—研发费用"或"开发支出—资本化或费用化"做账要求，对各项目所产生的费用进行单独核算并分项归集的基础上建立的，也就是说除了单独建账外，还必须建立辅助账（费用发生的明细分摊表、领料出库单、相应费用的原始凭证等）。

⑬针对"销售收入"的定义，很多申请认定企业的计算口径有误。这里要注意的是，当审计报告与所得税年度纳税申报表的销售收入不一致时，应按所得税年度纳税申报表口径计算。

⑭针对已认定为高新技术企业的研发费用占比问题，很多企业误认为在下一次重新认定时的研发费用比例达到即可。根据《工作指引》第五章监督管理第三款复核的要求，应以问题所属年度和前两个会计年度的研发费用总额占同期销售收入总额之比是否符合比例要求来进行确定。

六、近1年高新技术产品（服务）收入占企业同期总收入的比例不低于60%

（一）解读

高新技术产品（服务）收入占比是指高新技术产品（服务）收入与

企业同期总收入的比值。

1. 高新技术产品（服务）收入的定义

高新技术产品（服务）收入是指企业通过研发和相关技术创新活动，取得的产品（服务）收入与技术性收入的总和。对企业取得上述收入发挥核心支持作用的关键技术应属于《技术领域》规定的范围。其中，技术性收入包括：

①技术转让收入，指企业技术创新成果通过技术贸易、技术转让所获得的收入；

②技术服务收入，指企业利用自己的人力、物力和科技支撑条件等资源为社会和本企业外的用户提供技术资料、技术咨询与市场评估、工程技术项目设计、数据处理、测试分析及其他类型的服务所获得的收入；

③接受委托研究开发收入，指企业承担社会各方面委托研究开发、中间试验及新产品开发所获得的收入。

企业应正确计算高新技术产品（服务）收入，由具有资质并符合《工作指引》相关条件的中介机构进行专项审计或鉴证。

2. 总收入是指收入总额减去不征税收入

收入总额与不征税收入按照《中华人民共和国企业所得税法》（以下简称《企业所得税法》）及《中华人民共和国企业所得税法实施条例》（以下简称《实施条例》）的规定计算。

（二）说明

①申请认定企业对"总收入"概念的理解有误，误认为总收入即为营业收入。这里要注意的是，总收入包括主营业务收入、其他业务收入、营业外收入等所有征税收入。

②申请认定企业误认为高新技术产品（服务）收入即为产品（服务）收入。高新技术产品（服务）收入除了产品（服务）收入外，还包括技术性收入。例如，印染企业的很多收入为符合《技术领域》范畴的技术性收入，这些技术性收入也应包含其中。

③针对高新技术产品（服务）收入的账务归集方法，很多申请认定企业的财务账、台账和仓库账等方面都没有体现高新技术产品（服务）收入与传统产品（服务）收入的区别或分类。由于《工作指引》对高新

技术产品（服务）收入的归集要求并不是非常明确，因此各地、各单位对高新技术产品（服务）收入的归集方法也不尽相同。高新技术产品（服务）收入的归集方法有如下3种：第一，发票名称或备注栏应注明高新技术产品（服务）收入名称，并按要求进行成本单独核算；第二，台账方式对高新技术产品（服务）收入进行归集，且做好相应的仓库出库分类，例如，成品出库单等；第三，财务账根据仓库的出库单按要求在主营业务收入科目进行分类归集（具体归集方法将在第4章详细阐述）。

④对于已认定为高新技术企业的企业，其高新技术产品（服务）收入占比是否每年都应达到60%以上的问题，《认定办法》和《工作指引》都没有明确阐述。建议已认定为高新技术企业的企业尽量每年都达到60%以上比例的要求。

七、企业创新能力评价应达到相应要求

企业创新能力主要从知识产权、科技成果转化能力、研究开发组织管理水平、企业成长性4项指标进行评价。各级指标均按整数打分，满分为100分，综合得分达到70分以上（不含70分）为符合认定要求。4项指标分值结构详见表2-1。

表2-1　4项指标分值结构

序号	指标	分值
1	知识产权	≤30分
2	科技成果转化能力	≤30分
3	研究开发组织管理水平	≤20分
4	企业成长性	≤20分

1. 知识产权（≤30分）

由技术专家对申请认定企业申报的知识产权是否符合《认定办法》和《工作指引》要求，进行定性与定量结合的评价，详见表2-2。

表2-2 知识产权相关评价指标

序号	知识产权相关评价指标	分值
1	技术的先进程度	≤8分
2	对主要产品（服务）在技术上发挥核心支持作用	≤8分
3	知识产权数量	≤8分
4	知识产权获得方式	≤6分
5	（作为参考条件，最多加2分） 企业参与编制国家标准、行业标准、检测方法、技术规范的情况	≤2分

（1）技术的先进程度

A. 高（7~8分）　　B. 较高（5~6分）　　C. 一般（3~4分）

D. 较低（1~2分）　　E. 无　（0分）

（2）对主要产品（服务）在技术上发挥核心支持作用

A. 强（7~8分）　　B. 较强（5~6分）　　C. 一般（3~4分）

D. 较弱（1~2分）　　E. 无（0分）

（3）知识产权数量

A. 1项及以上（I类）（7~8分）　　B. 5项及以上（II类）（5~6分）

C. 3~4项（II类）（3~4分）　　D. 1~2项（II类）（1~2分）

E. 0项（0分）

（4）知识产权获得方式

A. 有自主研发（1~6分）　　B. 仅有受让、受赠和并购等（1~3分）

（5）企业参与编制国家标准、行业标准、检测方法、技术规范的情况（此项为加分项，加分后"知识产权"总分不超过30分。相关标准、方法和规范须经国家有关部门认证认可）

A. 是（1~2分）　　B. 否（0分）

2. 科技成果转化能力（≤30分）

依照《促进科技成果转化法》，科技成果是指通过科学研究与技术开发所产生的具有实用价值的成果（包括专利、版权、集成电路布图设计等）。科技成果转化是指为提高生产力水平而对科技成果进行的后续试验、开发、应用、推广，直至形成新产品、新工艺、新材料，发展新产业等活动。

科技成果转化形式包括：自行投资实施转化；向他人转让该科技成果；许可他人使用该科技成果；以该科技成果作为合作条件，与他人共同实施转化；以该科技成果作价投资、折算股份或者出资比例；其他协商确定的方式。

由技术专家根据企业科技成果转化总体情况和近3年内科技成果转化的年平均数进行综合评价。同一科技成果分别在国内外转化的，或转化为多个产品、服务、工艺、样品、样机等的，只计为1项。

A. 转化能力强，≥5项（25~30分）

B. 转化能力较强，≥4项（19~24分）

C. 转化能力一般，≥3项（13~18分）

D. 转化能力较弱，≥2项（7~12分）

E. 转化能力弱，≥1项（1~6分）

F. 无转化能力，0项（0分）

3. 研究开发组织管理水平（≤20分）

由技术专家根据企业研究开发与技术创新组织管理的总体情况，结合以下几项评价进行综合打分。

①制定了企业研究开发的组织管理制度，建立了研发投入核算体系，编制了研发费用辅助账（≤6分）；

②设立了内部科学技术研究开发机构并具备相应的科研条件，与国内外研究开发机构开展多种形式的产学研合作（≤6分）；

③建立了科技成果转化的组织实施与激励奖励制度，建立开放式的创新创业平台（≤4分）；

④建立了科技人员的培养进修、职工技能培训、优秀人才引进，以及人才绩效评价奖励制度（≤4分）。

4. 企业成长性（≤20分）

由财务专家选取企业净资产增长率、销售收入增长率等指标对企业成长性进行评价。企业实际经营期不满3年的按实际经营时间计算。计算方法如下。

（1）净资产增长率

净资产增长率 = 1/2(第二年年末净资产 ÷ 第一年年末净资产 +

第三年年末净资产÷第二年年末净资产）－1

净资产＝资产总额－负债总额

资产总额、负债总额应以具有资质的中介机构鉴证的企业会计报表期末数为准。

（2）销售收入增长率

销售收入增长率＝1/2（第二年销售收入÷第一年销售收入＋

第三年销售收入÷第二年销售收入）－1

企业净资产增长率或销售收入增长率为负的，按0分计算。第一年年末净资产或销售收入为0的，按后两年计算；第二年年末净资产或销售收入为0的，按0分计算。

以上2个指标分别对照表2-3评价档次（A、B、C、D、E、F）得出分值，2项得分相加计算出企业成长性指标综合得分。

表2-3 企业成长性评价档次

成长性得分	指标赋值	分数					
		≥35%	≥25%	≥15%	≥5%	＞0	≤0
≤20分	净资产增长率赋值 ≤10分	A 9～10分	B 7～8分	C 5～6分	D 3～4分	E 1～2分	F 0分

具体做法在第1章"二、高新技术企业认定工作的主要流程"和第5章中详细阐述。

八、企业申请认定前1年内未发生重大安全、重大质量事故或严重环境违法行为

（一）解读

①申请认定前一年是指申请前的365天之内（含申报年）；

②重大安全、重大质量事故或严重环境违法行为可参照相应的《安全法》《环保法》等法律或法规中的相关规定。

(二) 说明

①申请企业对"申请认定前1年"的概念理解有误,误认为是申请前1年,例如,2017年申报,认为是2016年1月1日—2016年12月31日不能有处罚。这里要说明的是,含申报年,例如,申请认定通知文件为2017年8月1日申请截止,那么应该在2016年8月1日—2017年8月1日不能有上述规定的处罚。

②是否发生重大安全、重大质量事故或严重环境违法行为,申请认定企业可以分别通过当地相关的安全生产监督管理、质量技术监督和环境保护等部门开具相关证明。认定机构在审核这个条件时,可以通过征询同级安全生产监督管理、质量技术监督和环境保护等部门的意见,也可以在同级这些部门相关网站进行查询。

③有些企业已申请认定为高新技术企业,但在后期发生了重大安全、重大质量事故或严重环境违法行为,按《认定办法》规定,要取消高新技术企业资格,并追回发生重大安全、重大质量事故或严重环境违法行为之日以来所享受的所得税减免金额。

第3章 申请认定材料准备和网络申报流程

材料准备是高新技术企业认定申请工作的基础，申请认定企业必须按照《认定办法》和《工作指引》的要求，做好认定申请材料的准备工作，并做好网络申报工作。本章主要阐述申请认定企业的申请材料准备和网络申报流程，并对申请认定企业内部围绕高新技术企业认定申请工作的分工进行讨论。

一、企业内部分工和工作要点

申请认定企业需要准备的申请认定材料比较多。为推进高新技术企业认定申请工作，提供工作效能，申请认定企业有必要成立以企业领导担任组长、企业相关部门负责人担任组员的高新技术企业认定申请工作小组，统筹安排和考虑申请高新技术企业认定过程中的各项工作。企业内部各部门需要精诚协作，按照各自职能高质量做好各项具体工作。下面阐述企业内部相关部门的工作要点和步骤。

1. 研发部的工作要点和步骤

研发部是高新技术企业认定申报时最重要的部门，具体负责研发项目凝练和高新技术产品归集等工作，其工作要点和主要步骤有：

第一，在年底时做好下一年度的研究开发计划，并填写如表3-1所示的研究开发项目列表；

表3-1 年度研究开发项目列表

序号	项目名称	主要研究内容与目标	主要研发人员	起止时间	预算经费	拟报专利
1						
2						

第二，撰写研究开发项目可行性报告和预算书，并报董事会或总经理办公会议审批；

第三，根据项目的研发进度，申报与项目的核心技术及创新点相关的知识产权；

第四，根据项目预期的成果，准备科技成果转化证明材料，并做好各项目的组织验收或鉴定工作；

第五，做好如表3-2所示的高新技术产品（服务）的技术归集工作。

表3-2 高新技术产品（服务）归集汇总表

序号	高新技术产品（服务）名称	关键技术	最细一级技术领域	型号、规格（系列）	预计销售时间	获得知识产权
1						
2						

2. 人事部的工作要点和步骤

人事部在企业申请高新技术企业认定工作中起协调和配合作用，是决定高新技术企业申请认定能否成功的重要部门之一，其工作要点和主要步骤有：

第一，制定研发中心（部）的相关制度，并组织相关部门对研发中心（部）科技人员进行考核，同时做好上述相关资料的存档备案工作（具体制度将在本章"二、申请认定材料准备"详细阐述）；

第二，经董事会决议或总经理办公会议批复的研究开发项目，应拟定公司文件抄送各相关部门，监督研发中心（部）的开发进度和做好项目中期检查工作；

第三，项目验收或鉴定后，应做好各项目获得成果的备案存档工作；

第四，做好科技人员的考勤工作（具体做法将在第4章详细阐述）；

第五，联系协调做好安全、质量和环保的相关评估工作。

3. 财务部的工作要点和步骤

财务部是研究开发费用归集的核心部门，各种费用明细的正确归集至关重要，直接影响到高新技术企业的评定。因此，财务部在整个工作开展过程中对研发经费管理起到了前期指导、中期监督和后期归集的作用，其工作要点和主要步骤有：

第一，监督做好仓库研发用原材料的规范领用工作；

第二，做好研究开发费用的单独建账并分项归集工作，同时做好研发专用辅助账；

第三，正确装订研发台账，做好研发费用加计扣除的相关工作；

第四，配合审计事务所做好年度和专项审计（鉴证）工作；

第五，做好高新技术产品（服务）收入的归集工作；

第六，已认定高新技术企业后，及时做好年报等的申报工作。

财务部工作的具体做法将在第4章详细阐述。

二、申请认定材料准备

申请认定企业应按照《认定办法》和《工作指引》特别是高新技术企业认定8个认定条件的要求，做好认定申请材料的准备工作。申请认定企业的材料应该包括企业自评表、企业承诺书、高新技术企业认定申请书、企业营业执照（副本）、知识产权证明材料、研究开发项目证明材料、科技成果转化证明材料、研究开发组织管理水平、高新技术产品（服务）证明材料、企业职工和科技人员说明材料、专项审计报告、近3年年度审计报告及所得税年度纳税申报表和其他相关证明材料等。

申请认定企业在准备妥当以上材料后，再根据当地认定机构对当年度高新技术企业认定工作的通知要求，将认定申请材料编制和装订成册。编制时必须加上申请认定材料的目录，在材料装订成册时，在材料每个部分之间应该加上颜色纸以便评审专家和上级管理部门方便评审和审核。材料目录编制好坏将直接影响评审专家的印象分，申请认定企业在编制目录时一定要涵盖所有申请认定材料。附录3-1是编者给出的目录参考例子。

下面就企业如何准备这些相关资料进行说明。

1. 企业自评表

申请认定企业必须在国家高新技术企业认定管理工作网或当地认定机构工作网络，如"浙江省高新技术企业管理工作网"，填写自我评价表。企业自评表包括企业基本信息、自我评分、企业总体情况论述3个方面。

企业基本信息可根据营业执照、年度审计报告、专项审计报告等附件证明材料来正确填写。

自我评分是对企业创新能力进行自我评价，在评分时可以适当往高分评，特别是科技成果转化能力和组织管理水平部分。

企业总体情况应根据《认定办法》和《工作指引》的 8 个认定条件及相关规定进行填写，内容包括企业简介、产品的核心技术所属《技术领域》范围、职工和科技人员结构比例、近 3 年研发费用情况、近 1 年高新技术产品（服务）收入情况、知识产权情况、科技成果转化能力、研究开发组织管理水平、成长性指标及安全质量环保无处罚等方面内容。企业简介应该包括企业注册成立时间、营业范围、主打产品及市场占有情况和所获企业荣誉等情况。附录 3-2 是编者给出的企业自评表参考例子。

2. 企业承诺书

承诺书是申请认定企业对申报材料真实性负责的承诺证明。申请认定企业可以在国家"高新技术企业认定管理工作网"在线填报企业注册承诺书。有些认定机构（如浙江省）还要求申请认定企业提供企业法人代表签字和企业盖章的纸质承诺书。承诺书的主要内容为："我公司申报高新技术企业提供的《高新技术企业认定申请书》及其所有佐证材料，真实有效，并对材料的真实性承担法律责任。若存在弄虚作假行为，同意按照《高新技术企业认定管理办法》的相关规定处理。特此承诺。"

3. 高新技术企业认定申请书

认定申请书是高新技术企业申请认定最主要的申报材料，申请认定企业必须认真填报和撰写。认定申请书是评审专家特别是技术专家在评审申请认定企业是否符合高新技术企业认定条件的主要依据。申请认定企业可在高新技术企业认定管理工作网填报后自动生成、打印并签名、加盖企业公章。具体填报和撰写方法将在第 6 章重点阐述。

4. 企业营业执照（副本）

企业营业执照是评审专家审核申请认定企业的成立时间、规模、营业范围和公司名称与专利权人一致性的主要依据。目前，绝大多数企业已办理五证合一，若已办理的企业仅需提供营业执照副本即可。还未办理的企业在申请认定时需提供营业执照副本、税务登记证和组织机构代码证等相关证明材料。

5. 知识产权证明材料

知识产权主要包括申请认定企业作为权属人获得的Ⅰ类和Ⅱ类知识产

权。知识产权是高新技术企业认定申请和专家评审过程中最重要的因素之一，在《认定办法》和《工作指引》中涉及知识产权的阐述比较多，申请认定企业必须高度重视知识产权证明材料的准备工作，要按照高新技术企业申请书第二部分知识产权汇总表里面所列出的知识产权排序进行材料准备。

在材料准备中，在前面可以列出知识产权汇总表（按知识产权的重要程度进行排序），再根据每件知识产权给出相应的证明材料。例如，专利授权通知书及年费缴纳证明，参与国家标准、行业标准等。若通过受让、受赠和并购取得的知识产品还需提供相关主管部门出具的变更证明；若涉及企业名称变更的，应及时做好知识产权变更并放入相应的证明材料。附录3-3是编者给出的专利年费缴纳证明参考例子。

6. 研究开发项目证明材料

研究开发项目是技术专家在评审过程中审查申请认定企业近3年研究开发活动情况的重要依据。通过研究开发项目评审专家可以大致判断申请认定企业的整体科技创新能力和对研究开发活动的重视程度等。在提供研究开发项目证明材料时，企业可以先用表格形式列出所有项目，然后再提供每个研究开发项目的立项证明材料。表3-3是项目列表参考格式，该列表要求列出所有项目的名称、项目编号、项目负责人、起止时间、项目类别、研发经费和批准文号等。其中，项目编号是指有关部门批准或企业内部自列的项目编号，项目类别是指县区级、市级、省部级、国家级或企业自立；研发经费是指包括上级资助经费在内的项目总研发经费；批准文号可以是上级有关部门的项目批准文件、科技项目合同书或企业自立批准文件等。申请认定企业需要在此列表后面按照项目列表次序逐项提供项目批准文号等项目证明文件。企业自立研究开发项目格式可以参阅附录3-4。

表3-3 近3年研究开发项目汇总表

序号	项目名称	项目编号	项目负责人	起止时间	项目类别	研发经费	批准文号
1							
2							

7. 科技成果转化证明材料

科技成果转化是企业科技创新能力的重要体现，也是评审专家在评审打分企业创新能力"科技成果转化能力（30分）"的主要依据。申请认定企业在准备科技成果转化材料的过程中，一定要认真研读《工作指引》对科技成果转化的定义。这里要注意以下几点：第一，科技成果转化证明要对研究开发项目（RD）的阶段性成果或高新技术产品（服务）的关键技术与技术指标等内容必须有支撑；第二，科技成果转化证明的项数与RD、高新技术产品（服务）（PS）的项数没有关系，并不是一一对应的，1个RD的N项核心技术转化为1个或多个成果的，可以计为N项科技成果转化项目；第三，科技成果转化与RD的时间节点上不能有矛盾性，例如，RD开发时间未完成，但已有相应的销售证明材料，这就违背了项目开发的常理性；第四，必须在全国高新技术企业认定管理工作网或当地认定机构工作网（如浙江省高新技术企业认定管理工作网）内填写科技成果转化列表，填写的成果时间范围应为近3年内。如下7类材料可以作为科技成果转化证明材料：

①专利、软件著作权、版权、国家和行业标准等；

②科技成果鉴定报告、科技成果奖励证书、项目和产品验收证书、新产品证书等；

③产品检测报告、软件测评报告、产品认证报告等；

④技术评估报告、查新报告等；

⑤用户使用报告、客户反馈意见等；

⑥产品合同及技术服务合同（有具体技术指标要求）；

⑦样品、样机。

根据《工作指引》的评价规定，近3年成果转化达15项以上的可得高分（详见第2章）。申请认定企业在准备成果转化证明材料时，建议每项科技成果转化项目应尽量提供3个及以上的相关证明材料，且前4类成果证明材料最好要有1~2项。附录3-5是科技成果转化列表参考格式。

8. 研究开发组织管理水平

企业研究开发组织管理水平是指申请认定企业在研究开发活动的组织能力和管理水平等情况。申请认定企业提供研究开发组织管理水平证明材料主要包括企业研究开发组织管理制度，研发投入核算体系，研发费用辅助账，内部科学技术研究开发机构，与国内外研究开发机构开展多种形式的产学研合作，科技成果转化的组织实施与激励奖励制度，开放式的创新创业平台，科技人员的培养进修、职工技能培训、优秀人才引进，以及人才绩效评价奖励制度等相关证明材料。

申请认定企业应根据《工作指引》企业创新能力特别是评分指标的要求逐个提供相关证明材料。研究开发组织管理制度主要包括新产品、新技术开发管理制度，科技人员考勤制度，研发中心岗位职责和研究开发项目管理制度等。研发投入核算体系主要包括研发经费管理和报销制度、研发投入核算体系等。内部科学技术研究开发机构的证明材料主要包括获得的有关政府部门审批的高新技术企业研发中心、技术中心、工程技术中心、实验室和博士后工作站等批准文件，对没有获得有关政府部门审批的，则可以提供公司关于组建内部科学技术研究开发机构的决议或文件作为证明材料，同时应提供内设研发机构简介和相关用于研究开发的设备仪器清单等。与国内外研究开发机构开展多种形式的产学研合作需要提供与国内外签订的产学研合作协议，包括近3年内签署的校企合作协议、委托开发合同或与相关技术开发企业间的科技合作协议等，这些协议可以是无经费合作的框架协议，也可以是具体有偿服务的委托开发合同。对申请认定企业提供的与国内外研究开发机构共同承担有关政府部门科技项目的立项文件或项目合同，也可以作为产学研合作的证明材料。可以提供相关检测服务、孵化器或众创空间等建设简介及邀请技术或管理专家开展创业创新指导服务的相关证明，作为开放式创新创业平台的证明材料。

附录3-6至附录3-13给出了研究开发组织管理制度（新产品、新技术开发管理制度，科技人员考勤制度，研发中心岗位职责，研发项目管理制度）、研发投入核算体系（研发经费管理办法、研发投入核算体系）、研发费用辅助账、内部科学技术研究开发机构设立文件（设立文件、机构简介、设备仪器清单）、产学研合作、科技人员培养进修制度、职工技能培训制度和科技人员绩效评价奖励制度等证明材料的参考格式。

9. 高新技术产品（服务）证明材料

高新技术产品（服务）证明材料是专家在评审产品（服务）核心技术所属《技术领域》、专利与产品核心技术的相关度、高新技术产品（服务）的核定项数及其收入占比等认定条件的主要依据。申请认定企业提供的高新技术产品（服务）证明材料必须要对高新技术产品（服务）（PS）情况表中的关键技术及技术指标、竞争优势等内容形成有力支撑，相互之间不能有矛盾。证明材料主要包括销售凭证、销售发票及出库单、对应的知识产权证书、销售合同、用户证明、检测报告和产品认证报告等。在准备过程中，先列出如表3-4所示的高新技术产品（服务）汇总表，然后再逐项提供具体证明材料。

表3-4 高新技术产品（服务）汇总表

编号	高新技术产品（服务）名称	关键技术	竞争优势	对应的RD	专利名称/号	技术指标	销售额	证明材料
PS01								
PS02								
PS03								

10. 企业职工和科技人员说明材料

企业人员结构，即职工和科技人员情况是专家评审科技人员占比是否符合认定条件要求的主要依据。申请认定企业应提供如下证明材料：①科技人员比例证明（加盖企业公章）；②近1年12月底的企业职工花名册，应包括姓名、身份证号码、学历，是科技人员的应批注其工作岗位；③所有职工的社保参保单汇总表（加盖社保部门章）；④外聘科技人员协议，应披露研发项目的名称和内容、工作岗位、年累计工作时间（183天以上）、薪酬及支付方式等款项；⑤职工参保人数与实际职工人数差异说明，例如，职工入离职、超过参保年龄等。

11. 专项审计报告

专项审计报告是专家评审申请认定企业有关财务指标的主要依据。专项审计报告需要披露申请认定企业研发费用及占比、高新技术产品（服务）收入占比、净资产增长率和销售收入增长率等财务指标。申请认定企业除了提供专项审计报告外，还应提供研发活动证明材料和出具专项审计报告中介机构的相关资质证明材料。专项审计报告相关内容在第4章详细阐述。

12. 近3年年度审计报告及所得税年度纳税申报表

这两部分内容是财务专家评审时查看的主要内容。申请认定企业应认真审查审计报告和相应的年度纳税申报表的一致性。若有差异的，应提供相应的差异说明，并加盖出具审计报告的中介机构（如会计师事务所）公章。这里要注意的是，近3年研发费用总额占同期销售收入总额的占比中，销售收入是以所得税年度纳税申报表为依据的（详见《工作指引》）。

13. 其他证明材料

申请认定企业需要提供重大安全、重大质量事故和严重环境违法行为无重大处罚的相关证明材料，需有关部门机关加盖公章。另外，申请认定企业也可以提供近3年内获得的省级以上荣誉证书，例如，省级名牌、驰名商标、优秀工业新产品、科技进步奖等相关证明材料。

在以上申请认定材料准备妥当后，申请认定企业用A4纸双面打印（复印）后进行装订。每一个部分用彩页分割，封页建议采用A4白色铜版纸装订，装订后逐页（除彩色）加盖页码。注意纸质证明材料必须与网上上传材料一致。

三、网上申报流程

申请认定企业在准备完毕所有申请认定材料后，需要在网络上进行申报。对已另行建立认定工作网的省、市、自治区辖区内的申请认定企业，在国家"高新技术企业认定管理工作网"（http://www.innocom.gov.cn/，以下简称国家高企工作网）进行网络申报的同时，还需要在当地认定工作网进行相关内容填报。网络申报后，再提交相应的证明材料。下面以浙江省为例，说明网上申报流程。

1. 国家高企工作网操作流程

国家高企工作网基本操作流程如图3-1所示，系统包括企业注册信息管理、高企认定申报、企业年报等模块。

（1）网上注册

登录国家高企工作网主页面（图3-2），在主页面右侧点击"企业申报"（图3-3）。老用户直接输入用户名和密码登录，如忘记密码，请使用右下角"找回密码"功能，注意企业不需要重新注册账号，否则会导致高新技术企业年报无法申报。新注册企业点击页面右下角"立即注册"链接，系统页面将跳转到企业注册承诺书页面（图3-4）。

第3章　申请认定材料准备和网络申报流程

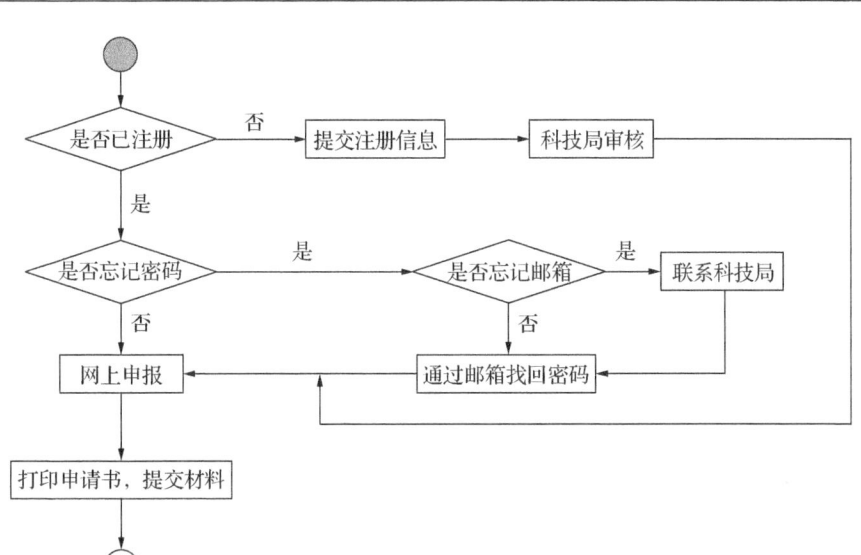

图 3-1　国家高企工作网基本操作流程

图 3-2　高新技术企业认定管理工作网

用户需仔细阅读企业注册承诺书中所列条款。如果同意条款，则勾选"我已仔细阅读并接受企业注册承诺书"选项，"下一步"按钮当即生效，用户点击该按钮，跳转至下一页面继续填写注册信息（图3-5）；如果不同意，则不必勾选"我已仔细阅读并接受企业注册承诺书"选项，此时"下一步"按钮是不可用状态，关闭当前浏览器页面即可退出操作。

用户注册表由以下部分组成，并设置了相关校验，具体解释如下：

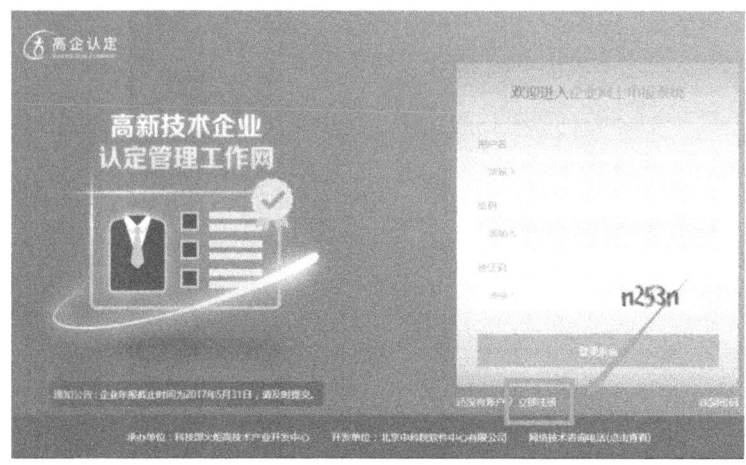

图 3-3　系统登录界面

图 3-4　企业注册承诺书

①用户名：用户自行录入，用户名只能由数字和字母组成，长度大于 6 位，且不能和已有用户重复，否则提示重复，拒绝注册；

②注册邮箱：用户自行填写，系统对邮件地址的格式进行合理性检验，不合理则不予注册，邮箱可用于密码找回，需仔细填写；

③密码：用户录入登录密码，密码长度应为 6~12 位，且必须为数字

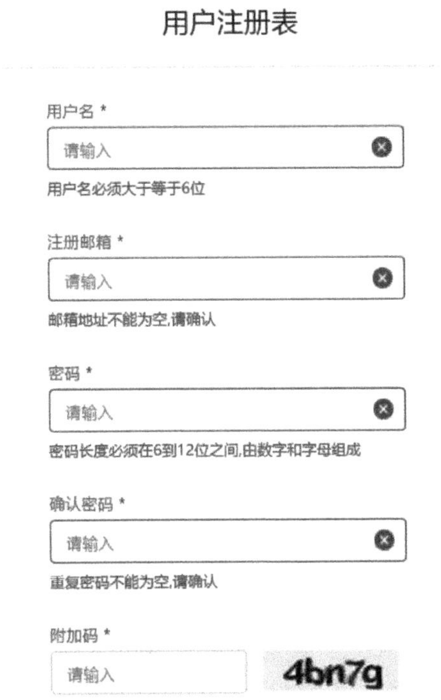

用户注册表

用户名 *

[请输入]

用户名必须大于等于6位

注册邮箱 *

[请输入]

邮箱地址不能为空,请确认

密码 *

[请输入]

密码长度必须在6到12位之间,由数字和字母组成

确认密码 *

[请输入]

重复密码不能为空,请确认

附加码 *

[请输入]   4bn7g

图 3-5　用户注册表

和字母的组合；

④确认密码：重复录入密码进行校验；

⑤附加码：用户要填入系统自动生成的校验码（右侧），不一致则拒绝注册信息提交。

注册成功后，可立即登录。如图 3-6 所示，点击左侧导航栏"企业注册信息管理"，并填写企业信息完善表，包括企业名称、9 位组织机构代码或 18 位统一社会信用代码、15 位国税税务登记号或 18 位统一社会信用代码、企业所属高新技术领域（至三级领域）、企业规模（注册资金）、行政区域。

企业信息完善表填写好以后，点击下一步完善如图 3-7 和图 3-8 所示的信息填报，包括企业法人信息、所属行业、经营范围、通信地址、注册信息、企业所得税征收方式、股权结构等信息。

填写好所有信息后，选择第二步打印，系统将生成电子版（PDF），需将此 PDF 打印并装订入申报高新技术企业的纸质材料内。第三步，企

图 3-6　企业信息完善表 1

图 3-7　企业信息完善表 2

业选择行政区域内的高新技术企业认定机构，如图 3-9 所示。系统显示了杭州市辖区内所有设立的高新技术企业认定机构，如果行政区域内没有设立高新技术企业认定机构，则选择上一级高新技术企业认定机构。

第3章 申请认定材料准备和网络申报流程

图3-8 企业信息完善表3

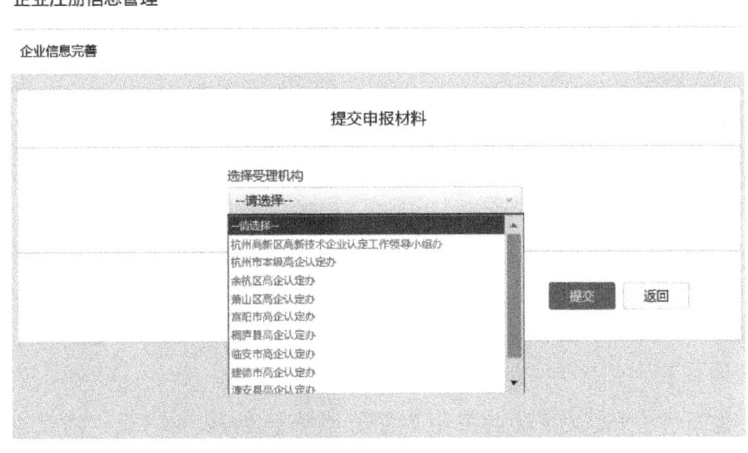

图3-9 选择高新技术企业认定机构

企业递交注册信息后,打电话给辖区高新技术企业认定办公室(设立在当地科技局,以下简称高企认定办)激活注册账号。账号激活后,在"企业注册信息管理"里可进行基本信息修改、企业名称变更、认定机构变更和异地搬迁等信息,如图3-10所示。

图3-10 企业基本信息修改

(2)网上填报

国家高企工作网"高企认定申报"栏目包括填报说明、申请书封皮、主要情况表、知识产权汇总表、人力资源情况表、企业研究开发活动情况表、企业年度研究开发费用结构明细表、上年度高新技术产品(服务)情况表、企业创新能力、企业参与国家标准或行业标准制定情况汇总表和附件清单等(图3-11)。

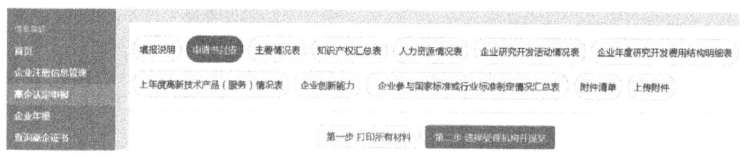

图3-11 高新技术企业认定申报界面

附件清单包括企业关键技术相关材料、企业人员情况相关材料、其他主要证明材料、近1年高新技术产品(服务)收入表、近3年企业财务报表、近3年企业所得税纳税申报表、近3年研发费用表、注册登记证件、企业创新能力评价相关材料。附件材料文件上传时必须满足后缀为.rar或.zip格式且不能超过8 M的要求。

所有内容填写后(具体填报和撰写方法在第5章详细阐述),选择第一步打印所有材料后,系统自动生成为"高新技术企业认定申请书";第

二步选择受理机构并递交高新技术企业申请材料。

（3）密码找回

对于忘记密码的用户，系统提供了找回密码功能。在登录页面的右下角点击"找回密码"，弹出如图 3-12 所示的页面，用户需提供系统注册号、组织机构代码或统一社会信用代码、税务登记号或统一社会信用代码等（请确保输入格式与曾在系统内保存的格式一致），三者完全符合，才可以通过验证找回密码。

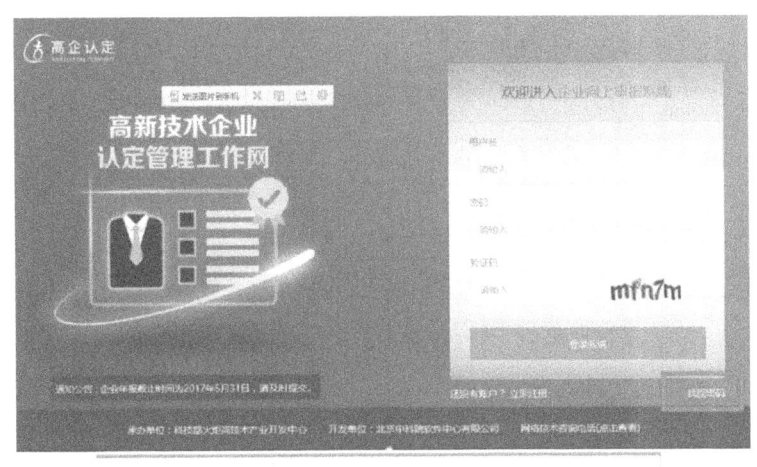

图 3-12 用户密码找回

2. "浙江省高新技术企业认定管理工作网"操作流程

国家高企工作网主要负责各地区高新技术企业认定工作的备案管理，

公布认定的高新技术企业名单,核发高新技术企业证书编号。浙江省高新技术企业认定管理工作网(以下简称浙江省高企工作网)主要负责浙江省内(不包括宁波市)的高新技术企业认定工作,遴选参与认定工作的评审专家(包括技术专家和财务专家)。

浙江省高企工作网基本操作流程如图3-13所示,系统包括网上申报、承诺书、企业自评表、科技成果转化、附件材料上传等模块。

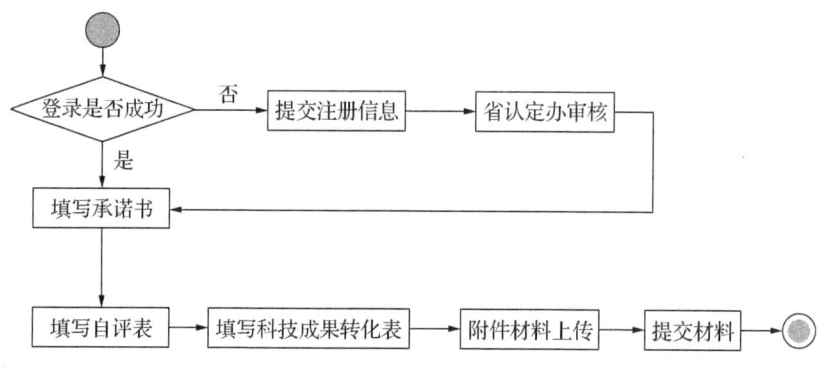

图3-13 浙江省高企工作网基本操作流程

(1)网上申报

如图3-14所示,输入与国家高企工作网相同的用户名和密码,登录浙江省高企工作网。如显示"登录失败"窗口,请在系统内重新注册用户名和密码,等待浙江省高企认定办审核通过。

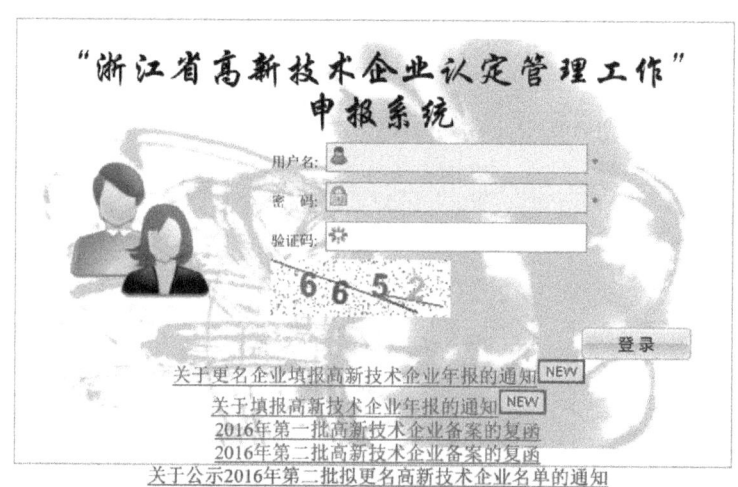

图3-14 浙江省高企工作网登录界面

第 3 章　申请认定材料准备和网络申报流程

登录系统成功后，浙江省高企工作网系统界面如图 3-15 所示。

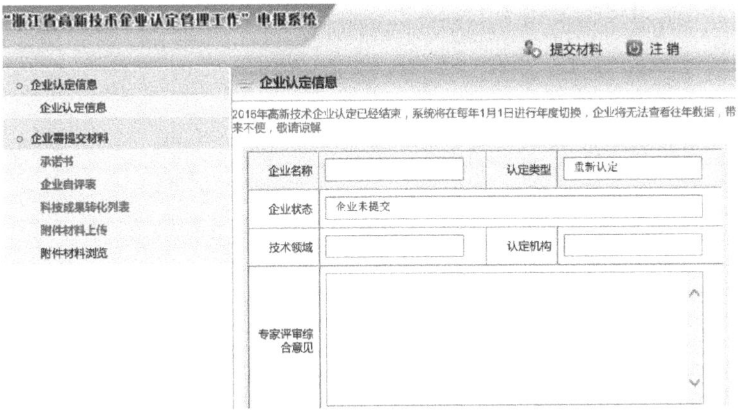

图 3-15　浙江省高企工作网系统主界面

（2）承诺书

新注册用户点击左侧导航栏的"承诺书"，仔细阅读并接受确认企业注册承诺书（图 3-16）。

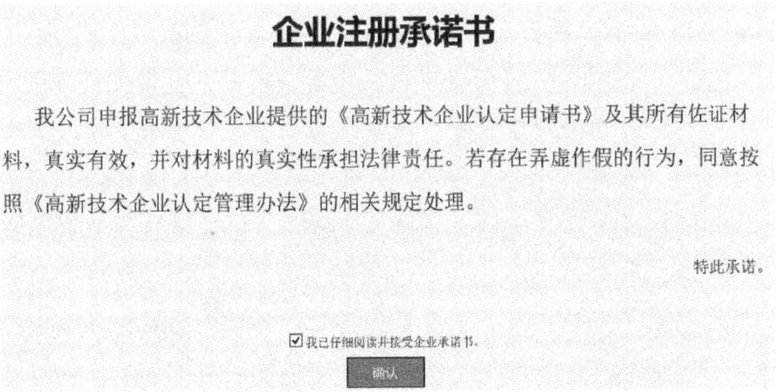

图 3-16　浙江省高企工作网企业注册承诺书

（3）企业自评表

如图 3-17 所示，申请认定企业需填写高新技术企业认定类型、认定批次、所属认定办、专项审计会计事务所、主管税务机关等信息。企业对照《认定办法》和《工作指引》进行自我评价。并对企业进行自我打分，自我评价需符合高新技术企业认定几大条件。

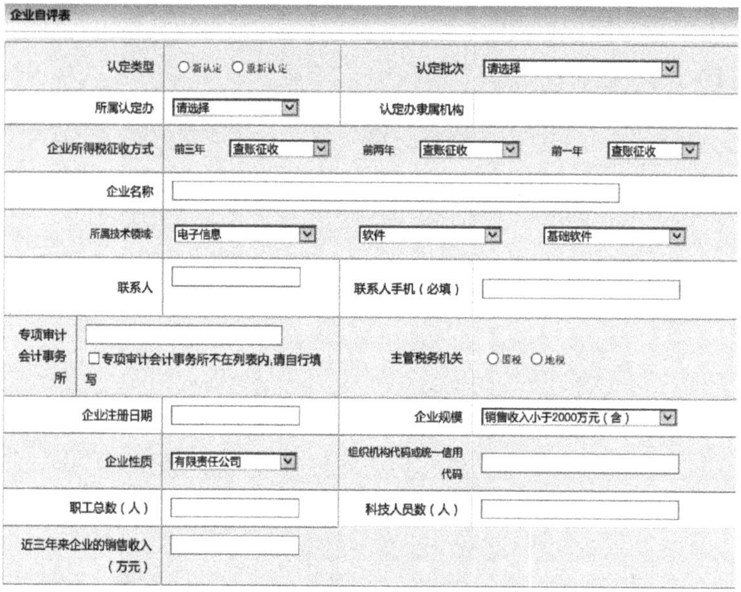

企业自评表

认定类型	○新认定 ○重新认定	认定批次	请选择
所属认定办	请选择	认定办隶属机构	
企业所得税征收方式	前三年 查账征收 前两年 查账征收 前一年 查账征收		
企业名称			
所属技术领域	电子信息 软件 基础软件		
联系人		联系人手机（必填）	
专项审计会计事务所	□专项审计会计事务所不在列表内,请自行填写	主管税务机关	○国税 ○地税
企业注册日期		企业规模	销售收入小于2000万元（含）
企业性质	有限责任公司	组织机构代码或统一信用代码	
职工总数（人）		科技人员数（人）	
近三年来企业的销售收入（万元）			

图 3-17　浙江省高企工作网企业自评表

（4）科技成果转化列表

如图 3-18 所示，浙江省高企工作网需填写企业科技成果转化列表。成果来源包括 5 个方面：①自有技术；②受让技术；③输出技术；④合作转化；⑤技术要素参与利益分配。其中，自有技术需要填写和国家高企工作网高新技术企业申请书中“关联 RD 编号”和“关联知识产权名称”。其他成果来源方式需要“关联知识产权名称”，并提供成果来源方的“联系人”和“电话”。

转化方式包括 5 个方面：①自行投资实施转化；②向他人转让该科技成果，许可他人使用该成果；③以科技成果作为合作条件，与他人共同实施转化；④以该科技成果作价投资、折算股份或者出资比例；⑤其他协商确定方式。

转化目标产品包括 4 个方面：①产品；②服务；③工艺；④样品、样机。

企业成果转化材料条目如果较多，可以使用“数据导入”功能，先在 Excel 模板中编辑完成后再上传。

（5）附件材料上传

浙江省高企工作网上传材料包括：①总目录；②企业承诺书；③高新

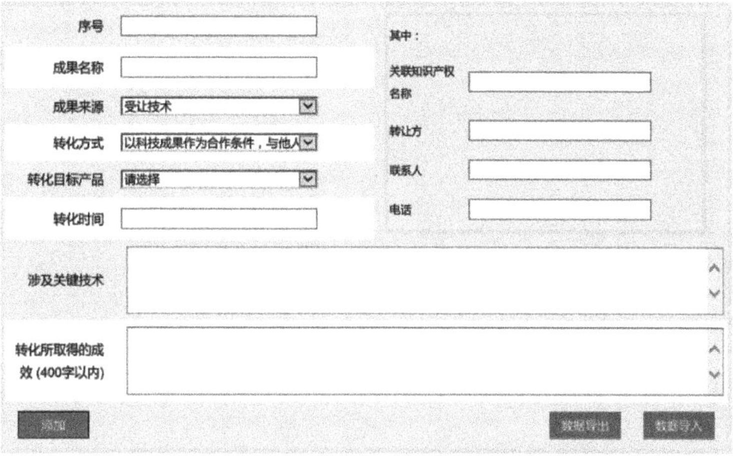

图3-18 浙江省高企工作网企业科技成果转化列表

技术企业认定申请书；④企业营业执照；⑤知识产权相关材料；⑥科研项目相关说明材料；⑦科研成果转化及相关说明材料；⑧研究开发组织管理相关说明材料；⑨企业高新技术产品（服务）说明材料；⑩企业职工总体情况与科技人员情况说明材料；⑪审计报告；⑫财务会计报告；⑬纳税申报表；⑭补漏材料：企业在评审过程中上传说明补充材料。

浙江省高企工作网上传文件类型为.jpg、.doc、.pdf，每个附件大小必须在8M以下，没有个数限制，如果文件太大，可以尝试压缩文件的分辨率或将文件分成多个后再上传。上传前先确保文件的内容清晰，并将横置页面旋转至便于专家阅读的角度。所有上传材料必须与纸质装订材料一致，包括先后次序和各项准备材料数量等。"企业承诺书"需打印且加盖公章后上传，"高新技术企业认定申请书"需从国家高企工作网打印且加盖公章后上传。

浙江省高企工作网和国家高企工作网主要区别在于填写科技成果转化列表，浙江省高企认定办对成果转化来源、转化方式等在系统内做出了更明确的要求。浙江省高企工作网会及时通知高新技术企业填报年报、公示高新技术企业的备案文件等信息，企业需及时登录系统查看。

附录3-1　高新技术企业认定申请材料目录

目　录

第一部分　申请企业自评表	1
第二部分　企业承诺书	3
第三部分　高新技术企业认定申请书	4
第四部分　企业资历证明材料	56
（一）营业执照副本	56
（二）企业名称变更通知书	57
第五部分　知识产权证明材料	59
（一）知识产权汇总表	59
（二）知识产权证书及年费缴纳证明	61
（三）专利变更核准通知书	79
（四）参与国家、行业标准证明	84
第六部分　科研项目证明材料	89
（一）研究开发项目汇总表	89
（二）研究开发项目（RD01～RD16）证明材料	92
第七部分　科技成果转化能力	125
（一）科技成果转化汇总表	125
（二）科技成果证明材料（No. 01～No. 16）	287
第八部分　研究开发组织管理水平	399
（一）组织管理制度、研发经费管理办法及投入核算体系、研发辅助账证明	399
（二）研发机构成立文件及简介、设备清单、产学研合作协议	419
（三）科技成果组织实施与激励制度、创新创业平台建设简介等	435
（四）科技人员培养进修、技能培训、人才引进及绩效评价制度	452

第九部分　高新技术产品（服务）证明 ·················· 452
　　（一）高新技术产品（服务）汇总表 ·················· 452
　　（二）高新技术产品（服务）证明材料（PS01~PS05） ········ 454
第十部分　企业职工结构比例证明 ····················· 484
　　（一）科技人员比例证明 ······················· 484
　　（二）近1年企业花名册 ······················· 485
　　（三）企业职工社保证明 ······················· 496
　　（四）外聘科技人员协议 ······················· 498
　　（五）参保与实际职工人数差异说明 ·················· 506
第十一部分　专项审计报告及事务所资质证明材料 ············· 506
　　（一）专项审计报告 ························· 506
　　（二）研究开发活动说明材料 ····················· 523
　　（三）事务所资质证明 ························ 531
第十二部分　近3年年度审计报告 ···················· 531
　　（一）2014—2016年年度审计报告 ·················· 531
　　（二）事务所资质证明材料 ······················ 578
第十三部分　近3年所得税年度纳税申报表 ················ 625
第十四部分　其他证明材料 ······················· 640
　　（一）安全、质量和环保无处罚证明 ·················· 641
　　（二）企业荣誉证书 ························· 644

附录 3-2 企业自评表

企业自评表

认定类型	新认定		认定批次	2016 年认定
所属认定办	杭州市本级高企认定办		认定办隶属机构	杭州市西湖区高企认定办
企业所得税征收方式	前 3 年	查账征收	前 2 年	查账征收	前 1 年	查账征收
企业名称（盖章）	浙江××××有限公司			
所属技术领域	新材料		高分子材料	高分子材料的新型加工和应用技术
联系人	×××		联系人手机（必填）	××××××××××
专项审计会计事务所	××××××××××		主管税务机关	国税
企业注册日期	2000/08/04，0：00：00		企业规模	5000 万元以上~1 亿元（含）
企业性质	有限责任公司		组织机构代码或统一信用代码	××××××××××××
职工总数（人）	82		科技人员数（人）	12
近 3 年来企业的销售收入（万元）	16 702.16			
其中，最近 1 年的总收入（万元）	7456.80		其中，最近 1 年的高新技术产品（服务）销售收入（万元）	5377.46

续表

近3年来的研究开发费用总额（万元）	755.79	最近1年核心技术拥有自主知识产权的高新技术产品（服务）销售收入（万元）	5377.46	
近3年来的研究开发费用总额占销售收入的比例（%）	4.52	最近1年高新技术产品收入占收入总额比例（%）	72.11	
最近一年核心技术拥有自主知识产权的高新技术产品（服务）收入占全部高新技术产品（服务）收入比例（%）			100.00	
单项研发项目的其他费用合计是否超过研究开发总费用的20%			否	
1. 核心自主知识产权（30分）			得分	24
技术的先进程度（≤8分） □A. 高（7~8分）　√B. 较高（5~6分）　□C. 一般（3~4分） □D. 较低（1~2分）　□E. 无（0分）			得分	6
对主要产品（服务）在技术上发挥核心支持作用（≤8分） □A. 强（7~8分）　√B. 较强（5~6分）　□C. 一般（3~4分） □D. 较弱（1~2分）　□E. 无（0分）			得分	6
知识产权数量（≤8分） □A. 1项及以上（Ⅰ类）（7~8分）　√B. 5项及以上（Ⅱ类）（5~6分）　□C. 3~4项（Ⅱ类）（3~4分）　□D. 1~2项（Ⅱ类）（1~2分）　□E. 无（0分）			得分	6
知识产权获得方式（≤6分） √A. 有自主研发（1~6分）　□B. 仅有受让、受赠和并购等（1~3分）			得分	6
（加分项，≤2分）企业参与编制国家标准、行业标准、检测方法、技术规范的情况 □A. 是（1~2分）　√B. 否（0分）			得分	0

续表

2. 科技成果转化能力（30分）	得分	30
√A. 转化能力强，≥5项（25~30分）　　□B. 转化能力较强，≥4项（19~24分） □C. 转化能力一般，≥3项（13~18分）　□D. 转化能力较弱，≥2项（7~12分） □E. 转化能力弱，≥1项（1~6分）　　　□F. 无转化能力，0项（0分）		
3. 研究开发组织管理水平（≤20分）	得分	19
制定了企业研究开发的组织管理制度，建立了研发投入核算体系，编制了研发费用辅助账（≤6分）	得分	6
设立了内部科学技术研究开发机构并具备相应的科研条件，与国内外研究开发机构开展多种形式的产学研合作（≤6分）	得分	5
建立了科技成果转化的组织实施与激励奖励制度，建立开放式的创新创业平台（≤4分）	得分	4
建立了科技人员的培养进修、职工技能培训、优秀人才引进，以及人才绩效评价奖励制度（≤4分）	得分	4
4. 企业成长性（≤20分）	得分	14
净资产增长率（10分） □A. ≥35%（9~10分）　　□B. ≥25%（7~8分） □C. ≥15%（5~6分）　　√D. >5%（3~4分） □E. >0（1~2分）　　　　□F. ≤0（0分）	得分	4
销售收入增长率（10分） √A. ≥35%（9~10分）　　□B. ≥25%（7~8分） □C. ≥15%（5~6分）　　□D. >5%（3~4分） □E. >0（1~2分）　　　　□F. ≤0（0分）	得分	10
净资产增长率（%）　8.55　　销售增长率（%）　35.39	合计得分	87
企业总体情况自评	一、公司简介 　　浙江××××有限公司成立于2000年8月，注册资本500万元人民币，是一家集电线电缆研发、生产、销售为一体的综合型企业。产品广泛应用于建筑、机械设备、基础设施建设等行业。	

续表

企业总体情况自评	二、产品领域范围 公司产品核心技术符合《国家重点支持的高新技术领域》"四、新材料—（三）高分子材料—6.高分子材料的新型加工和应用技术—高分子材料高性能化改性和加工技术；采用新型加工设备和加工工艺的共混、改性、配方技术"。 三、企业人员情况 公司职工总数82人，其中，从事研发和相关技术创新活动的科技人员12人，占公司职工总数的14.63%。 四、研发费用情况 公司2015年实现销售收入7456.80万元，2013—2015年研发费用投入总额达755.79万元，占对应期总销售收入16 702.16万元的4.52%。 五、高新技术产品收入 2015年度高新技术产品收入合计5377.46万元，占当年总收入7456.80万元的72.11%。公司2015年度核心技术拥有自主知识产权的高新技术产品收入占当年高新技术产品收入的100%。 六、企业创新能力情况 1. 核心自主知识产权情况 公司共获得实用新型专利18件，其中自主研发17件，受让1件。 2. 科技成果转化情况 公司2013—2015年共设立RD项目21项、PS产品5个，完成成果转化18项，5项转化为产品、9项转化为样品、4项转化为工艺。 3. 研究开发组织管理水平情况 企业制定了完善的研究开发组织管理制度，制定了《产品研发管理制度》《技术保密制度》《研发资金管理办法》等，规范企业研究项目的实施和顺利进行；为进一步激发技术人员的工作积极性和创造力，企业制定了《科技成果转化管理办法》《技术人员培训管理制度》《研发考核奖励办法》等。 七、销售与净资产成长情况 按照《高新技术企业认定管理工作指引》的计算方法，公司销售增长率为35.39%，净资产增长率为8.55%。 八、其他情况 公司2015年未发生重大安全、重大质量事故或严重环境违法行为。 综上所述，我公司符合高新技术企业认定条件

附录3-3　专利年费缴纳证明

附录3-4　企业自立研究开发项目批准文件

一、企业自立研究开发项目批准文件

××××××有限公司文件

＊＊研字〔2013〕70号

关于"升降横移立体停车库"研发项目立项的批复

经总经理办公会议研究决定，同意"升降横移立体停车库"研发项目立项。具体如下：

一、项目名称：升降横移立体停车库。

二、项目起止时间：2014年1月1日至2015年12月31日。

三、项目经费预算金额：80万元。

四、项目成员：吴超圣、应小振、张小明、顾金福、张永振、吴永明。

财务部门设置研究开发费用核算账目，实行专账管理；技术部门、样开部门加强项目管理，保证项目顺利实施。

×××××有限公司
2013年11月18日

主题：科研　项目　立项

抄送：总经办、人事部、财务部、生产部、销售部、技术部

二、企业研究开发项目计划书及经费预算

企业技术研究开发项目
立项确认书

项目名称：可瓷化环保耐火电缆
企业名称：××××××有限公司
填报日期：2014 年 5 月 28 日

××××××有限公司
二〇一一年制

企业技术研究开发项目立项确认书

企业名称	××××××有限公司		企业纳税编码		××××××××	
经济类型			××××			
法人代表	××××	联系电话	××××××	手机	××××××	
总经理	×××××	联系电话	××××××	手机	××××××	
项目负责人	×××××	联系电话	××××××	手机	××××××	
联系人	××××××	联系电话	××××××	手机	××××××	
通信地址		邮政编码	××××××	传真	××××××	
主管部门	海盐县科学技术局		所属行业		电线、电缆制造	
企业技术研发中心			高性能线缆市级研发中心			
企业职工人数		82	技术研究开发人员数		12	

企业主要经济指标（万元）	年度	销售收入	利润	税金	创汇（万美元）	总资产	资产负债率（%）
	上年度	7542.56	521.26	684.56	0	2014.52	12

上年主要产品情况	主要产品名称	产量（千米）	销售额（万元）
	阻燃线缆	28 284	4286
	高防水线缆	4327	3001

项目名称	高阻燃线缆关键技术研究及开发	
项目来源	√1. 企业自行立项　2. 县级以上科技项目	
项目技术领域	新材料—高分子材料—高分子材料的新型加工和应用技术	
项目起始日期	2014年5月	项目预计完成日期　2015年12月
项目主要内容简述	1. 开发内容 　　根据有关部门统计，火灾造成的人员伤亡主要是由于室内有毒可燃物的挥发、浓烟及电力照明系统短路而引起的窒息、踩踏。可瓷化环保型耐火电线、电缆在火灾情况下，线缆被烧成类似	

续表

项目主要 内容简述	陶瓷状的坚硬保护层，可以保护线路不短路、断路，从而保证了在相应的时间内电力、通信线路的通畅。并且在火焰烧蚀的条件下，低烟、无毒、无熔融滴落，保持原有的形状和尺寸。保障基础设施和逃生通道的安全，为人员的生命和财产的抢救最大限度地赢得时间。本项目主要研究开发的内容和关键技术如下。 （1）材料配方研究：主要包括优选热稳定性良好的聚合物，设计优化填料、结构控制剂的种类和含量； （2）成型工艺研究：主要是优化挤压成型工艺参数，制备出各项力学性能符合各项标准的材料； （3）结构控制剂研究：自主设计制备结构控制剂，解决中、低温烧蚀产物强度不足等技术难题。 2．技术指标 （1）抗张强度≥6.0 N/mm^2，断裂伸长率≥250%； （2）成品电缆成束燃烧阻燃试验：符合 GB/T 19666 中 A、B、C 级； （3）成品电缆烟密度试验：最小透光率≥60； （4）绝缘燃烧气体腐蚀性试验：pH≥4.3，电导率≤10 μs/mm； （5）电缆在火焰条件下保持线路完整性的试验 S 类（火焰温度不低于 950 ℃单独供火），技术要求：供火 20 分钟试验期间施加电缆额定电压，3A 熔断器不熔断，指示灯不熄灭，检验结果：通过； （6）符合绝缘 ROHS 试验。 3．主要创新点 （1）将可网络化的硅橡胶的室温性能和可烧结的陶瓷粉体的高温性能相结合，自主研制了可瓷化耐火电缆的绝缘层配方（聚硅氧烷、黏土矿物、滑石、云母、玻璃粉、过氧化物、其他添加剂按照特定比例配合），制成在火灾中可形成结构紧凑、高强度的电缆绝缘护套； （2）可瓷化耐火电线、电缆在室温条件下具有普通线缆性能，在高温烧蚀下形成致密、具有自支撑、不爆裂、防熔滴的陶瓷保护层，保证电缆在火灾过程中正常使用（即便是当铜芯融化后，仍然可以正常工作）；

续表

项目主要内容简述	（3）自主设计制备了可以提高电缆中、低温烧蚀产物强度的添加剂（SiO_2、B_2O_3、TiO_2、Na_2O、K_2O、ZrO_2、F_2、P_2O_5、ZnO按照特定比例配合），明显提高中、低温（500~750℃）烧蚀产物强度。当温度升高至玻璃粉软化温度时，添加剂熔融形成液相，填充于黏土颗粒和基体分解产物颗粒之间。随着时间的延长，液相逐渐渗入陶瓷网络，冷却固化后，起到桥连作用，强化陶瓷结构。 4. 预期效果 可瓷化环保型耐火电线、电缆可以直接用橡套电缆设备挤出、硫化成电线、电缆，无须像氧化镁矿物防火绝缘电缆那样需要巨额的设备投入，也无须像云母带缠绕的耐火电缆那样要经过多次缠绕，费工费时，可以大幅度降低成本。并且它和普通电线、电缆一样，能便捷地进行敷设安装，无须像氧化镁矿物防火绝缘电缆那样复杂敷设，为防火电线、电缆的广泛普及和应用提供了前提条件
项目实施计划进度及内容	2014-07—2014-08：进行项目调研，对开发项目可行性进行评审，为开发做好准备； 2014-09—2014-12：工艺技术路线的选定和设计； 2015-01—2015-06：制作样品，对其进行测试； 2015-07—2015-12：用户试用，根据用户试用情况反馈，进行工艺的进一步改进、完善，产品定型

项目参加人员			
姓名	从事专业	专业技术职称	本项目中分工
×××	高分子材料	工程师	设备、工艺设计
×××	电线、电缆	工程师	质量检测
×××	电气	工程师	电缆工艺员
×××	化工	工程师	炼胶工艺员

续表

技术研究开发项目经费支出预算（万元）	新产品设计费、新工艺规程制定费及与研发活动直接相关的技术图书资料费、资料翻译费	2
	从事研发活动直接消耗的材料、燃料和动力费用	150
	在职直接从事研发活动人员的工资、薪金、奖金、津贴、补贴	100
	专门用于研发活动的仪器、设备的折旧费或租赁费	80
	专门用于研发活动的软件、专利权、非专利技术等无形资产的摊销费用	2
	专门用于中间试验和产品试制的模具、工艺装备开发及制造费	5
	勘探开发技术的现场试验费	0
	研发成果的论证、评审、验收费用	6
	总计	345

申请部门：研发中心

　　负责人（签字）　　　　　　　　　　　单位（盖章）

　　　　　　　　　　　　　　　　　　　　年　　月　　日

公司董事会审核意见：

　　负责人（签字）　　　　　　　　　　　单位（盖章）

　　　　　　　　　　　　　　　　　　　　年　　月　　日

　　填表说明：项目预期效果是指增加产品功能、提高产品性能、提高劳动生产率、节省原材料、减少环境污染及经济社会效益等情况。

附录3-5 科技成果转化列表

科技成果转化列表

序号	成果名称	成果来源	关联RD编号	知识产权名称	转化方式	转化目标产品	转化时间	涉及关键技术	转化所取得的成效	证明材料
1	聚乙烯光交联软线性电缆	自有技术	RD01、RD04	一种用于生产无卤交联线的单绞机	自行投资实施转化	产品	2015/01/01	高效强化光引发、添加剂配方、紫外光源反射聚焦、无卤定绞合和线张力稳定冷却	已形成产品,2016年销售额为312万元	检测报告、产品照片、用户报告
2	超耐油耐磨电动汽车电缆	自有技术	RD02	一种超耐油耐磨电动汽车电缆	自行投资实施转化	产品	2015/01/01	缆芯包覆结构设计和材料优化、TPEE热塑性聚酯弹性体外护套结构	已形成产品,2016年销售额为550万元	省级立项文件、产品照片、查新报告、企业标准、专利检测
3	高弹性螺旋电缆	自有技术	RD03	电动汽车充电设施用的电缆	自行投资实施转化	产品	2015/01/01	缆芯包覆结构设计、包覆材料优选、缆芯支撑骨架结构设计	已形成产品,2016年销售额为685万元	省级立项文件、产品照片、查新报告、企业标准、用户证明

续表

序号	成果名称	成果来源	关联RD编号	知识产权名称	转化方式	转化目标产品	转化时间	涉及关键技术	转化所取得的成效	证明材料
4	电线高阻燃低烟无卤绝缘工艺	自有技术	RD04	—	自行投资实施转化	工艺	2015/01/01	绝缘层配方优化设计、高阻燃低烟无卤线缆绝缘层制备、分离型螺杆押出	已在高阻燃电线上应用，2016年销售额为730万元	查新报告、内部检测、内部立项文件
5	用于押出机的分离型螺杆	自有技术	RD05	—	自行投资实施转化	工艺	2015/01/01	分离型螺杆结构、押出工艺	提高了产品的力学性能，如拉伸强度、撕裂强度	专利证书、内部立项文件
6	双屏蔽防干扰信号传输线缆	自有技术	RD06	双屏蔽防干扰信号传输线缆	自行投资实施转化	产品	2015/04/01	电缆芯从设计、电缆屏蔽结构设计	已形成产品，2016年销售额为280万元	查新报告、企业标准、用户证明、检测报告
7	新型耐压缩电动汽车充电电缆	自有技术	RD07	—	自行投资实施转化	样品、样机	2015/12/31	缆芯支撑骨架结构设计、线缆弹性填充	已形成产品，2016年销售额为360万元	查新报告、企业标准、专利证书、产品照片、用户证明、检测报告

续表

序号	成果名称	成果来源	关联RD编号	知识产权名称	转化方式	转化目标产品	转化时间	涉及关键技术	转化所取得的成效	证明材料
8	高载流量低烟无卤阻燃光伏电缆	自有技术	RD08	—	自行投资实施转化	样品、样机	2015/12/31	光辐照交联、反馈调节控制、分离挤出	已形成产品，2016年销售额为1310万元	查新报告、企业标准、产品照片、用户证明、检测报告
9	风能控制电缆	自有技术	RD09	—	自行投资实施转化	样品、样机	2015/12/31	辐照交联聚乙烯材料选用、分离型螺杆挤出、冷却环侧吹风技术	已形成产品，2016年销售额为560万元	省级立项文件、企业标准、检测报告
10	环保型辐照交联聚乙烯电缆	自有技术	RD10	—	自行投资实施转化	样品、样机	2015/12/31	材料配方体系、双螺纹挤出冷却技术、多种胶数电缆绞合技术	已形成产品，2016年销售额为732万元	检测报告、查新报告、企业标准、照片、用户证明
11	手机充电器线用TPV材料	自有技术	RD11	—	自行投资实施转化	样品、样机	2015/12/31	动态硫化共混、材料配比、优化加工工艺	已形成产品，2016年销售额为632万元	省级立项文件、检测报告

续表

序号	成果名称	成果来源	关联RD编号	知识产权名称	转化方式	转化目标产品	转化时间	涉及关键技术	转化所取得的成效	证明材料
12	紫外光辐照交联技术	自有技术	RD01	—	自行投资实施转化	工艺	2014/02/01	高效强化光引发、添加剂配方、紫外光源反射聚焦、无卤交联线张力稳定综合称冷却	提高了产品的抗光氧化及热氧化稳定性	省级立项文件、查新报告、专利证书
13	高阻燃低烟无卤绝缘电缆	自有技术	RD01、RD05	用于押出机的分离型螺杆	自行投资实施转化	产品	2015/01/01	绝缘层配方优化设计、高阻燃低烟无卤线缆绝缘层制备工艺、分离型螺杆押出	形成样品，处于试制阶段，签订销售合同金额达378万元	企业标准、用户报告、检测报告
14	TPV手机充电器线	自有技术	RD04、RD11	—	自行投资实施转化	样品、样机	2015/12/31	动态硫化共混技术、优化材料配比、加工工艺	形成样品，处于试制阶段，签订销售合同金额达430万元	企业标准、用户报告、检测报告
15	电线、电缆表面光滑度改进技术	自有技术	RD12	—	自行投资实施转化	样品、样机	2015/12/31	挤出工艺、螺杆牵引控制和冷却	在多个产品上应用，提高了线缆的光滑度	专利证书、省级立项文件、查新报告、产品照片
16	电线、电缆挤出外径自动控制技术	自有技术	RD13	—	自行投资实施转化	样品、样机	2015/12/31	循环反馈控制、线速调节、断线保护	在多个产品上应用，提高了产品的均匀性	查新报告、专利证书

附录3-6 研究开发组织管理制度

一、新产品、新技术开发管理制度

（一）目的

为规范新产品开发与技术管理的程序和要求制定本制度。

（二）研发部职责

1. 根据公司的产品发展规划，组织开展新产品的市场调研和开发；

2. 及时收集市场及客户反馈信息，负责新产品的试制、测试，使新产品适应市场需求，提高客户满意度；

3. 负责产品的纵深开发，进一步提升产品的附加值；

4. 负责工艺指导和监督，及时解决生产过程中存在的工艺技术问题；

5. 负责客户服务，建立和完善客户服务档案；

6. 负责新理念、新技术、新工艺、新材料、新设备的情报资料的收集、论证和推广应用。

（三）新产品、新技术开发管理

新产品的可行性分析是新产品开发中不可缺少的前期工作，必须在进行充分的技术和市场调查后，对产品的社会需求、市场占有率、技术现状、发展趋势及资源效益5个方面进行科学预测及技术经济的分析论证。

1. 调查研究内容

（1）调查国内市场和重要用户及国际重点市场同类产品的技术现状和改进要求；

（2）以国内同类产品市场占有率前3名及国际名牌产品为对象，调查同类产品的质量、价格、市场及使用情况；

（3）广泛收集国内外有关情报和专刊，进行可行性分析研究。

2. 进行可行性分析

（1）论证该类产品的技术发展方向和动向；

（2）论证市场动态及发展该产品具备的技术优势；

（3）论证开发该产品资源条件的可行性（含物资、设备、能源及外购、外协件配套等）。

3. 制定产品开发规划

（1）企业根据产品发展方向和技术改造方向，进行可行性分析，制定企业新产品发展规划，为提高产品质量进行新技术、新材料、新工艺、新装备方面的应用研究；

（2）新产品发展规划由产品研发部提出，经总经理办公会议讨论，通过后执行。

（四）新产品的开发研究

1. 新产品开发计划书

新产品开发计划书是新产品在初步设计阶段内，由研发部提出体现新产品设计方案的改进性的文件。新产品开发计划书经技术副总审核、总经理批准后，作为新产品开发设计的依据。

新产品开发计划书的内容包括：

（1）开发设计依据；

（2）产品用途及使用范围；

（3）国内外同类产品的水平分析比较；

（4）基本参数及主要技术性能指标、工艺路线、主要原料、主要设备；

（5）新产品开发周期、项目负责人、项目组成员和经费估算等。

2. 新产品开发设计

新产品开发设计是在已批准的开发设计任务书的基础上，由项目负责人组织完成新产品的开发设计工作，应针对每一个开发设计阶段制定切实可行的方案，并形成文字性材料。

开发设计的主要内容是按照预定的工艺路线安排小试、中试、大试、指标和性能测试、成本核算、客户试用、技术改进等。

设计应形成以下方面的文件和资料：

（1）各阶段开发设计方案、原始数据资料、设计评审资料及改进意见和措施；

（2）各阶段的试制产品的检验、检测结果（报告，包括委外检测的报告）；

（3）客户试用报告；

(4) 最适合的生产原料（价格成本、货源、质量要求）；

(5) 最佳工艺路线、工艺参数和规程；

(6) 其他有关资料。

3. 新产品鉴定原则与要求

鉴定是对新产品从技术上、经济上做全面的评价，以确定是否可进入下阶段试制或正式投产。新产品的鉴定在样品试制或小试阶段进行，由研发部、销售部、技术副总、总经理进行综合评审。

4. 新产品技术档案

研发部负责建立技术档案，针对每一个独立的开发项目建立一个完整、有序的档案资料，逐项编号，并建立目录清单，以便于查阅。

设计资料由技术副总组织验收审查，并签字，如设计内容不完整或资料不完整，项目负责人应进行补充完善。

5. 新产品移交投产的管理

设计文件和图纸必须经审核、批准后才可以正式移交。

所有的文件须经品管部标准化，并纳入企业标准化管理，各职能部门按照文件管理的程序和要求使用和管理文件。

6. 工艺管理

生产技术部工艺技术人员负责产品的工艺日常管理，负责车间的技术指导和培训，加强技术监督，并针对实际情况及时与新产品开发人员保持沟通，及时解决生产中存在的技术问题。

研发部人员在新产品试产、投产过程中，应加强与生产技术部的沟通，负责对生产技术人员的培训和指导工作，并保持有效的跟踪检查，及时解决技术问题。

研发部应及时收集市场反馈信息及客户的需求信息，适时安排对产品的性能鉴定、测试，并根据销售部的安排，积极配合做好客户服务工作，保持客户服务记录，建立客户服务技术档案，包括随后安排的检验、试验数据资料。

7. 工艺改进与设备变更管理

应针对客户在使用过程中存在的问题或提出的特殊要求，积极做好技术更新和改良工作，加强产品的纵深开发，积极推广新理念、新技术、新工艺、新材料、新设备的应用。

应按照《产品的工艺改进与设备变更管理规定》的要求制定技术改良或产品纵深开发计划和方案，并按要求进行工艺改进和设备变更工作。

二、科技人员考勤制度

（一）目的

为规范科技人员考勤管理，维护工作秩序，提高工作效率，特制定本制度。

（二）适用范围

企业科技人员均适用于本制度。

（三）职责

1. 人事行政部负责考勤制度的制定、修订、执行与监督审查；
2. 研发部主管负责本部门科技人员考勤的管理。

（四）管理规定

1. 科技人员实行指纹打卡考勤制度。
2. 工作时间：

（1）科技人员上下班时间根据《员工考勤管理制度》中的要求，实行标准工时制度；

（2）科技人员在研发项目中承担研发工作期间，需按照研发团队进度安排，合理调整工作时间；

（3）因项目进度需要加班时，所有科技人员必须服从，加班时间可由研发部安排调休；

（4）迟到、早退、旷工情节严重者，给予通报批评，扣除绩效工资，直到解除劳动合同；

（5）研发期间科技人员考勤结果作为科技人员绩效考核的基础数据之一，科技人员绩效考核参照企业《项目工资管理制度》。

3. 旷工：

（1）未向研发部主管或项目负责人书面申请请假并经批准者，或未按规定时间销假者一律按旷工处理（特殊情况补假除外）；

（2）未通过批准擅自离开岗位者，研发部将进行严肃处理。

4. 请假：

（1）项目团队加班攻关时，研发项目经理可批准工作日休假。

(2)研发需要出差时,由研发项目经理批准出差时间、地点。

(3)研发期间,科技人员出于任何事由的请假,若请假在1天以内,由研发项目经理审批;若请假时间为2~3天,由研发部经理审批;若请假时间超过3天,由总经理审批。

(五)科技人员人事异动

1. 科技人员未在研发项目中承担研发工作时,科技人员的职位调动、离职、辞退按照《企业员工管理制度》中有关人事异动的管理规定执行。

2. 研发项目科技人员人事异动应遵照以下要求:

(1)原则上,人事行政部不做职位调动,确实需要调整的由总经理批准后执行。

(2)研发项目的科技人员提出离职的,应先交接工作内容,调出研发项目小组。公司与离职人员在至少1个月后签订离职保密协议,办理离职手续。办理离职时间根据研发项目的重要程度及掌握研发资料的秘密程度确定,在不违反《中华人民共和国劳动法》的前提下,协商延长。

(3)若发现科技人员有泄露公司研发秘密的情况,应立即将其调出研发项目小组。根据入职时签订的保密协议追究其责任,并予以辞退。

(六)本制度由人事行政部制定,解释权归人事行政部。

(七)本制度经总经理审批后执行。

三、研发中心岗位职责

(一)研发中心主管岗位职责

研发管理岗位分为研发中心主任和副主任,负责组织制定和实施技术方案、产品研究开发方案与产品质量管理制度,以及对研发活动的管理等,具体如下:

1. 组织公司新产品的研究试制工作及现有产品的改进工作;

2. 主持公司新产品性能分析、技术可行性研究与评定工作;

3. 组织确定试制工艺方案、编制工艺文件的技术标准;

4. 建立健全公司的质量保证体系,组织落实公司产品质量认证准备工作;

5. 组织制定并监督实施公司产品质量管理制度;

6. 组织公司质量事故的分析及处理工作;

7. 编制公司年、季、月度产品研究开发计划，并组织实施；

8. 主持编制公司年度研究开发经费预算，并控制经费的总体支出；

9. 完成上级交办的其他工作。

（二）市场调研组主要职责

市场调研组主要负责主持新产品开发调研，确定公司的产品开发方向，具体如下：

1. 根据市场信息的变化大胆设想未来产品的发展趋势（畅想未来产品，为生产部门提供设计思路）；

2. 做好产品开发前、后及销售后的所有调研项目，形成调研报告，为市场部经理设计战略计划提出依据；

3. 制定和实施年度市场推广计划和新产品开发计划；

4. 设计、建立与维护公司产品品牌的定位，设计与实施具体市场方案；

5. 组织企业各种资格认证、技术鉴定、政府科研项目申请申报、各种荣誉申报等工作；

6. 完成部门负责人交办的其他工作。

（三）新产品开发组主要职责

新产品开发组主要负责组织研制、设计、开发新产品及更新换代产品，提供技术支持，具体如下：

1. 组织本部门实施产品开发、研制工作，制订开发计划；

2. 负责新产品小批中试工作；

3. 执行方案，并进行新产品鉴定、成果转化、技术规范制定工作；

4. 积极关注行业发展动态，积累研发素材；

5. 总结产品研发经验，持续改进产品性能；

6. 主持新产品技术转化和制备技术交流工作；

7. 产品生产、应用出现问题时提供技术支持。

（四）检验检测组主要职责

检验检测组主要负责协助产品开发工程师，完成产品研制、开发所需原材料的采购、测试及产品小样、中试等检测工作，具体如下：

1. 负责新产品试制原材料的进厂检验；

2. 依据质量检测标准及要求，进行待检品的取样，确保合理、准确；

3. 对试制品物化性能（黏度、酸值、TG、耐候性等）检测，提供依据；

4. 对原材料、样品、试制品检验方法进行总结、编写，完成企业标准书写；

5. 检测设备仪器维护检查工作；

6. 填制相应记录，上报相关部门；

7. 协助做好相关部门的配合工作。

（五）知识产权管理组主要职责

知识产权管理组主要负责企业项目开发、试制过程中配方、设备、工艺改进的自主知识产权申报、维护工作，具体如下：

1. 管理及运用公司知识产权资料；

2. 与技术人员进行沟通，挖掘专利申请点，整理技术交底书，并根据技术交底书或者其他技术资料进行专利文件撰写、申请、答复审核意见通知书；

3. 协助研发人员进行专利检索和分析，形成专利预警分析报告；

4. 负责专利风险分析和竞争对手分析，定期关注竞争对手动态；

5. 负责知识产权（专利、商标、著作权、产品登记、技术查新等）的管理工作，包括组织申报、跟踪协调、维护管理等；

6. 负责研究掌握并执行国家及地方政府关于知识产权的法规政策；

7. 处理专利审查中的意见陈述及专利授权后的维护与管理工作；

8. 负责申报知识产权各类政府资助项目；

9. 负责商标检索、申请及维护，实施公司商标管理工作及其他知识产权事务；

10. 负责完成领导交代的其他工作。

四、研发项目管理制度

（一）总则

1. 为充分发挥技术人员的创造性，加速新产品开发和技术进步，提高产品市场竞争能力和整体实力，特对公司技术开发工作实行项目责任制；

2. 项目责任制适用于公司批准立项的新产品开发、重大工艺改进等项目。

（二）项目立项

1. 公司技术开发项目的立项可以采用公司计划立项和工程技术人员个人建议立项；

2. 工程技术人员应以书面形式向公司提出立项建议，填报项目可行性分析指标和功能阐述、国内外相关技术发展现状、目标市场和经济效益分析、工艺技术方案、产品检测能力分析、投资估算和项目投入产出分析、项目组成员的内部分工、项目进度安排、配合部门和完成日期、项目经费预算等内容；

3. 公司组织相关人员对申请立项的开发项目的可行性分析报告（或开发计划书）进行审核评议后，由总经理批准立项。

（三）项目组成员的义务

项目组成员在从事公司的研发项目时必须承担以下义务：

1. 项目组成员必须自觉接受公司的检查工作，定期向公司报告项目的进度情况，重大问题应该主动报告公司，并吸取公司意见；

2. 项目组成员必须接受公司对开发工作中出现的各种分歧所做出的协调，并全面履行公司的仲裁性意见；

3. 项目组成员如与公司签订《保密协议》，应遵守《保密协议》约定的各项条款。

（四）项目组负责人的权利、责任和义务

1. 项目组负责人由项目组成人员自愿推荐产生，作为指定性计划任务下达的开发项目，由公司指定项目组负责人或招标产生。

2. 项目组负责人在项目实施工作中享有以下权利：

（1）项目组负责人有权在项目组成员之间自主进行工作分工，分配其成员的工作；

（2）项目组负责人有权对不符合要求的项目组成员进行调整；

（3）项目组负责人有权根据项目组成员的工作实绩对其月度效益工资的分配和奖惩提出建议；

（4）项目组负责人对于研发经费的使用有审核权；

（5）项目组负责人有权决定项目奖励的内部分配方案。

（五）项目进度考核

为了了解项目按计划完成进度，开发项目实施进度考核。对于因项目组自身原因而造成延期的，从项目责任书中规定的应完成之日起，每月扣罚项目组成员应得效益工资的30%，直至项目实施完成之日止。

（六）项目的评估和奖励

1. 项目奖励由公司视具体情况确定，项目奖励主要考虑项目实施的效果，同时考虑项目的技术难度和工作量；

2. 项目奖惩原则上采用精神奖励与薪资浮动相结合的方式，对独立的新产品研发项目、原有开发项目上的改进、有独特的创新思维可供研究开发的，可根据不同情况进行奖惩，具体项目的评价权数由公司确定；

3. 项目奖惩根据评估得分予以兑现。

（七）项目的检查、协调和配合

1. 公司应对项目的进度进行跟踪检查。项目组负责人应每月向公司分管领导汇报项目进展情况，接受所在部门领导和公司对项目进度的检查，并积极做好与横向部门之间的工作协调；

2. 部门领导有责任对本部门工程技术人员所承担的开发项目进行监督、检查和指导，并协调工程技术人员协调跨部门的工作联系。

（八）项目的暂停和终止

由于外部条件的变化，使得公司批准立项的研究项目的实施已经不可能或不必要，尤其是该项目的继续实施将损害到公司的利益时，应暂停或终止该项目的进行。

附录3-7 研发投入核算体系

一、研发经费管理办法

（一）总则

1. 为加强企业研发费用管理，规范企业研发费用核算，促进纳税管理水平，根据财政部、国家税务总局有关规定，特制定本办法。

2. 本办法所称企业研发费用是指企业在产品、技术、材料、工艺、标准的研究、开发过程中发生的各项费用。主要包括：

（1）新产品设计费、新工艺规程制定费及与研发活动直接相关的技术图书资料费、资料翻译费；

（2）从事研发活动直接消耗的材料、燃料和动力费用；

（3）在职直接从事研发活动人员的工资、薪金、奖金、津贴、补贴；

（4）专门用于研发活动的仪器、设备的折旧费或租赁费；

（5）专门用于研发活动的软件、专利权、非专利技术等无形资产的摊销费用；

（6）专门用于中间试验和产品试制的模具、工艺装备开发及制造费；

（7）勘探开发技术的现场试验费；

（8）研发成果的论证、评审、验收费用。

3. 企业购置的用于研究开发的仪器和设备，单位价值在100万元以下的，可按规定一次或分次计入成本费用，在企业所得税税前扣除，其中，达到固定资产标准的应单独管理，不再提取折旧。

4. 企业研发费用按照"预算统筹、归口列账、分级管理、专项核算"的办法实施管理。

5. 研发方式：

（1）自主研发：部门自行申报、公司批准立项的研发活动；

（2）委托研发：公司委托受托其他合作部门实施的研发活动；

（3）合作研发：公司与合作部门共同实施的研发活动。

（二）研发费用管理

1. 研究开发项目由公司技术开发部门根据企业科技发展规划和上级

下达的研究课题确定，或由各基层部门自行申报公司审批立项 2 种方式确定，项目确定后由公司下达科技研究开发项目立项计划，项目委托其他部门或与之合作实施的，应与受托或合作部门签订《科技研究开发项目委托协议》或《科技研究开发项目合作协议》，由申报部门或签订协议部门负责具体实施。

2. 研发费用实行预算管理。年初各部门技术开发部门根据公司下达的年度科技研究开发计划编制年度科技经费预算，预算费用主要内容按本办法总则中第 2 条有关内容明细编制，年度科技经费预算纳入本部门年度财务预算，报经公司财务部、技术开发部审定后批复下达。

3. 研发费用开支审批程序。研发费用的开支由研发项目组会同财务部门审批后方予列支。财务及审计部门对重点研发项目研发费用开支情况进行不定期检查与审计。

4. 研发费用结算方式。公司发生的研发费用由财务部门和直管项目按预算项目据实核销或分摊至项目。受托开发或合作开发部门按研发项目逐项归集研发费用开支，期末编制费用决算表报经公司研发项目组审核后按合同约定方式拨付。

5. 正确划分研发费用与生产费用界限。实施研发项目同时又承担施工生产任务的，要合理界定研发费用与生产费用界限，不得将研发费用随意列入成本费用。企业技术开发部、实验室等研发机构发生的各项开支纳入研发费用管理。

6. 同一研发项目由多个部门共同实施完成的，应分别在各核算主体之间归集发生的研发费用并在期末编制费用决算表，由集团汇总后形成该研发项目的整体费用决算。研发费用的税前扣除及加计扣除由各核算主体申报实施。

7. 核算内容及科目设置。

8. 各部门必须对研究开发费用实行专项管理，对研发费用和生产经营费用分开进行核算，准确、合理地计算各项研究开发费用支出。对于在一个纳税年度内进行多个研究开发项目的，应按照不同的开发项目分别归集研究开发费用额。

9. 研发费用核算内容及科目设置

（1）研发支出—费用化支出

本科目核算企业从事研究开发活动所发生的经费支出，本科目按费用内容设置如下 10 个明细科目。

①研发支出—费用化支出—人工费：核算从事研究开发活动的在职职工和外聘的专业技术人员及为其提供直接服务的管理人员工资、奖金、津贴、补贴、社会保险费、住房公积金等人工费及劳务费；

②研发支出—费用化支出—办公费：核算技术中心、研究开发机构及研发相关部门的日常办公费用；

③研发支出—费用化支出—差旅费：核算技术中心、研究开发机构及研发相关部门的员工的差旅费和用于科研技术交流为目的的相关人员的差旅费支出；

④研发支出—费用化支出—折旧费：核算用于研发活动的仪器、设备、房屋等固定资产的折旧费用（企业用于研究开发的仪器和设备，单位价值在 100 万元以上的，允许其采取双倍余额递减法或年数总和法实行加速折旧，具体折旧方法一经确定，不得随意变更）；

⑤研发支出—费用化支出—材料费：核算研发活动直接消耗的材料、燃料和动力费用；

⑥研发支出—费用化支出—设计费：核算研究开发新产品时所发生的直接设计费用；

⑦研发支出—费用化支出—设备调试费：核算研究开发新产品、工艺、技术时的设备调试及调整维护的相关费用支出，用于中间试验和产品试制的模具、工艺装备开发及制造费，设备调整及检验费，样品、样机及一般测试手段购置费，试制产品的检验费等；

⑧研发支出—费用化支出—无形资产摊销：核算用于研发活动的软件、专利权、非专利技术等无形资产摊销费；

⑨研发支出—费用化支出—委外费用：核算通过外包、合作研发等方式，委托其他部门、个人或者与之合作进行研发而支付的费用；

⑩研发支出—费用化支出—其他：核算研发成果的论证、评审、验收、评估及知识产权的申请费、注册费、代理费及与研发活动直接相关的其他费用，包括技术图书资料费、资料翻译费、会议费、外事费、研发人

员培训费、培养费、专家咨询费、高新科技研发保险费用等。

（2）研发支出—资本化支出

核算企业从事研究开发活动所发生应予资本化的研发支出，在费用发生时，借记"研发支出—资本化支出"，贷记"银行存款"等。

（3）管理费用—研究与开发费

期末将"研发支出—费用化支出"科目归集的费用化支出金额转入本科目，借记"管理费用—研究与开发费"，贷记"研发支出—费用化支出"。

（4）无形资产—专利等

对企业自行开发的无形资产，应予资本化的支出，在形成资产时，借记"无形资产—专利等"，贷记"研发支出—资本化支出"。

（三）台账登记及报表披露

1. 各部门按照研发项目逐项设立台账，逐笔登记研发费用开支内容、发生时间、凭证编号和金额等。

2. 年末按照台账记载情况编制《企业年度研发费用预算执行情况表》《企业年度研发费用明细表》（格式附后），随年度财务决算逐级上报至公司。

3. 在年度财务会计报告中披露研发费用相关财务信息，包括研发费用支出规模及其占销售收入总额的比例等。会计师事务所在审计企业年度会计报表时，应当对企业研发费用的使用和管理情况予以关注。

（四）纳税申报及加计扣除

1. 企业在年度所得税纳税申报时，可申请研究开发费加计扣除。申请加计扣除时，应向主管税务机关报送如下资料：

（1）自主、委托、合作研究开发项目计划书和研究开发费预算；

（2）自主、委托、合作研究开发专门机构或项目组的编制情况和专业人员名单；

（3）自主、委托、合作研究开发项目当年研究开发费用发生情况归集表；

（4）企业总经理办公会或董事会关于自主、委托、合作研究开发项目立项的决议文件；

（5）委托、合作研究开发项目的合同或协议；

（6）研究开发项目的效用情况说明、研究成果报告等资料。

2. 各部门根据财务会计核算和研发项目的实际情况，对发生的研发费用按以下规定计算申报加计扣除：

（1）研发费用计入当期损益未形成无形资产的，允许再按其当年研发费用实际发生额的50%，直接抵扣当年的应纳税所得额；

（2）研发费用形成无形资产的，按照该无形资产成本的150%在税前摊销。除法律另有规定外，摊销年限不得低于10年。

3. 对企业委托给外部门进行开发的研发费用，由委托方按照规定计算加计扣除，受托方不得再进行加计扣除。对委托开发的项目，受托方应向委托方提供该研发项目的费用支出明细情况，否则，该委托开发项目的费用支出不得实行加计扣除。

4. 对企业共同合作开发的项目，由合作各方就自身承担的研发费用分别按照规定计算加计扣除。

（五）附则

本办法适用于公司所属部门，其他有关要求按现行财务税收制度执行。

二、研发投入核算体系

（一）目的

为了加强公司研发投入项目的费用管理，规范财务对于研发投入费用的具体核算管理流程，促进企业自主创新，特制定本制度。

（二）范围

本制度适用于本公司所有研发投入费用的核算管理。

研究开发经费必须按计划统筹安排、节约使用，讲求经济效益。

（三）研发投入核算体系管理

1. 公司研发投入费用

研发投入费用指本公司在产品、技术、材料、工艺等的研发工程中发生的费用，包括：

（1）研发活动直接消耗的材料、燃料和动力费用；

（2）公司在职研发人员的工资、奖金、津贴、补贴、社会保险费等人工费用及外聘研发人员的劳务费用；

（3）用于研发活动的软件、专利权、非专利技术等无形资产的摊销费用；

（4）用于研发活动的仪器、设备、房屋等固定资产的折旧费或租赁费及相关固定资产的运行维护、维修的费用；

（5）用于中间试验和产品试制的模具、工艺装备开发及制造费，设备调整及检验费，样品、样机及一般测试手段购置费，试制产品的检验费等；

（6）研发成果的论证、评审、验收、评估及知识产权的申请费、注册费、代理费等费用；

（7）通过外包、合作研发等方式，委托其他单位、个人或与之合作进行研发而支付的费用；

（8）与研发活动直接相关的其他费用，包括技术图书资料费、资料翻译费、会议费、差旅费、办公费、外事费、研发人员培训费、培养费、咨询费、高新科技研发保险费用等。

2. 研发投入费用审批流程

公司严格规定研发费用的开支范围和标准，并严格审批程序。由研发部门提出研发项目建议，由研发部门完成项目的调研和立项，并评估所涉及的研发投入费用计划，在项目立项决策时由销售部门、研发部门、技术总工程师、总经理、财务经理等相关部门会议决策研发投入费用。决策通过后，由研发部门提出申请，技术总工程师审批，总经理批准。

3. 研发投入费用归集核算

按照研发项目或者承担研发任务的部门，财务设立台账归集核算研发费用。公司依法取得知识产权后，在境内外发生的知识产权维护费、诉讼费、代理费、"打假"及其他相关费用支出，从管理费用据实列支，不应纳入研发费用。公司研发部门发生的各项开支纳入研发费用管理，但同时承担生产任务的，要合理划分研发与生产费用。

财务协助研发部门做好研发投入费用的预算编制和控制。

公司对研发费用的入账方式做了规定：首先是将公司研究与开发的过程划分为研究阶段与开发阶段；规定研究阶段的支出全部费用化，计入当期损益（管理费用）；开发阶段的支出符合资本化条件的（按照财政部有关规定中列出的5条资本化条件），才能确认为无形资产。公司研发费用的纳税扣除，按照财政部、国家税务总局有关规定执行。

4. 建立研发准备金制度

公司建立了研发准备金制度，根据研发计划及资金需求，提前安排资金，确保研发资金的需要，研发费用按实际发生额列入成本（费用）。

5. 研发投入费用的年度审计

公司每年都在当年年度财务会计报告中，按规定披露研发费用相关财务信息，包括研发费用支出规模及其占销售收入的比例，集中收付研发费用情况等。会计师事务所在审计年度会计报表时，也对公司研发费用的使用和管理情况予以足够的重视。

6. 研发投入费用的集中使用

对技术要求高、投资数额大、单个研发部门难以独立承担的研发项目，公司可以确定集中使用研发费用，其研发费用总额，原则上不超过会计报表年营业收入的 2%，使用后的年末余额连续 3 年超过当年集中额 20% 或者出现赤字的，公司应当调整集中的标准。公司集中使用研发费用时，应当按照权责利一致等原则，确定研发费用集中收付方式及研发成果的分享办法，维护公司的合法权益。

附录3-8 研发费用辅助账

研发项目名称：腈水合酶循环利用技术研究

企业研究开发项目实际发生费用年度明细

单位：元

2015年		凭证字号	摘要	会计科目	研发活动直接消耗的材料、燃料、动力费用			直接从事研发活动的本企业在职人员费用			专门用于研发活动的有关折旧费		专门用于研发活动的有关无形资产的摊销费用	专门用于中间试验和产品试制的模具、工艺装备开发和制造费	研发成果论证、鉴定、评审、验收费用	与研发活动直接相关的其他费用		合计
月	日				材料	燃料	动力费用	工资、薪金	津贴、补贴	奖金	仪器	设备	专利权			新产品设计费	其他费用	
1	31	180	计提工资	管理费用				9242.44										9242.44
1	31	181	计提折旧	管理费用								9889.34						9889.34
1	31	184	燃料动力费	管理费用			2006.72											2006.72
1	31	185	领用主要材料	管理费用	26 376.94													26 376.94
1	31	185	领用辅助材料	管理费用	2264.1													2264.1

续表

2015年凭证		摘要	会计科目	研发活动直接消耗的材料、燃料、动力费用			直接从事研发活动的本企业在职人员费用			专门用于研发活动的有关折旧费		专门用于研发活动的有关无形资产的摊销费用	专门用于中间试验和产品试制的模具、工艺装备开发和制造费	研发成果论证、鉴定、评审、验收费用	与研发活动直接相关的其他费用		合计
月日	字号			材料	燃料	动力费用	工资、薪金	津贴、补贴	奖金	仪器	设备	专利权			新产品设计费	其他费用	
2.28	182	计提工资	管理费用				11 116.46										11 116.46
2.28	183	计提折旧	管理费用								9251.18						9251.18
2.28	186	燃料动力费	管理费用			2027.36											2027.36
2.28	187	领用主要材料	管理费用	27 361.11													27 361.11
2.28	187	领用辅助材料	管理费用	728.83													728.83
本年累计				56 730.98	0	4034.08	20 358.9	0	0	0	19 140.52	0	0	0	0	0	100 264.48

附录3-9 内部科学技术研究开发机构设立文件

一、内部研发机构设立文件

×××××××有限公司文件

＊＊字〔2012〕025号

关于成立×××××××有限公司研发中心的通知

为了加强公司的自主创新能力，切实做好公司新产品开发工作，提升公司整体研发水平和核心竞争力，公司决定成立"研发中心"，研发中心专职进行公司的项目研发工作，其主要职责是：制定公司的科技发展规划；进行新产品、新技术、新工艺的开发研制；负责与高校及科研单位的产学研合作；负责指导和解决生产中的技术问题；并负责职工的技术培训，切实推进公司的科技进步工作。

会议决定由总经理担任技术中心负责人，建立一支具有较强技术创新能力的队伍，增强企业内部技术人员的凝聚力，完善企业的先进研究开发条件，促进公司稳定快速发展。

2012年12月20日

主题词：研发中心　通知

抄送：总经办、财务部、生产部、销售部、各车间

二、内设研发机构简介

（一）企业简介

××××公司成立于2008年，公司主要从事各类通用机械设备的设计、制造与销售。公司于2013年成立研发中心，并于2015年认定为市级研发中心，研发中心以×××为负责人，组织科技人员先后试制开发新产品。公司近3年研发项目16项，取得了一定成效，获得实用新型专利13件，7项新产品成果申报为浙江省新产品试制计划项目。

（二）组织架构、职能及人员构成

研发中心共设立下属部门4个：综合办公室、设计研发部、生产部和检验部。研发中心共有科技人员40人，占职工总数的36.36%，科技人员大多为大专以上学历，且具有多年的专业经验，是一支结构合理、具有团队协作精神、创新研发能力强的技术研发队伍。

1. 综合办公室

（1）负责公司的各项规章制度的建立健全和完善，内部行文的规范管理；

（2）监督检查各部门制度执行的情况；

（3）负责公司各类重要文件、会议纪要的编写、发文和归档；

（4）负责员工考勤、工资表编制、保险福利等薪金管理工作；

（5）负责维持公司正常的工作秩序；

（6）根据公司的安排，组织好重大会务活动和各种工作会议。

2. 设计研发部

（1）负责从事新产品的开发工作，参与旧产品的改进工作，以满足客户的不同要求；

（2）负责根据竞争对手的产品性能指标，研发出性能优于其他同行业的产品，提高公司的竞争力；

（3）负责公司技术攻关项目，必须大量阅读相关文献并做出理论分析，提出试验可行性分析报告交予技术经理审核；

（4）负责整个产品开发流程的实施；

（5）负责新产品样机的设计与制作，并配合其他测试部门进行检测和改进；

(6) 负责新产品技术资料的整理，定期内部交流，进行技术积累；

(7) 负责解决生产过程中出现的技术问题，以及售后产生的产品质量问题。

3. 生产部

(1) 与设计研发部讨论制定试验的工艺控制标准，并负责监督实施；

(2) 组织协调工艺分析、评审和验证工作，安排试验进度；

(3) 收集来自试验现场的指标参数，提出修改和调整意见，提高生产效率，降低成本；

(4) 负责试验全过程的跟踪，并对试验工艺控制状况做出详细记录和严谨的总结分析；

(5) 制定完善、科学、合理、优化的工艺流程。

4. 检验部

(1) 负责按照设计研发部的试验方案做好各项试验，确保工作规范、高效；

(2) 负责记录试验中出现的各种原始数据，并经过设计研发部工程师认可，确保合理、准确；

(3) 负责异常现象和异常数据的记录，向研发中心负责人报告，保证新产品的及时改进；

(4) 制订并实施本部门工作计划，改进工作绩效；

(5) 爱护试验设备，定期保养，确保量值准确，提高设备效能；

(6) 严守企业秘密，不得将试验方案、数据等技术资料随意外传。

（三）研发投入

企业每年投入大量经费支持研发，2013年研发费用投入210.36万元，2014年研发费用投入425.25万元，2015年研发费用投入643.52万元。

（四）组织管理

根据公司整体发展要求，研发中心将工作重心放在新产品开发和产品的技术创新上，并建立成本、质量、服务的约束机制，大力推进了新产品开发和重点产品的技术升级。在建立健全研发中心各项规章制度的基础上，加大管理监督力度，落实奖惩制度，保证了研发中心始终保持规范、科学、高效的运行机制。

为发挥研发中心在公司技术创新进程中的核心作用，提高企业技术开发能力，研发中心实行开放、流动的人才管理机制。研发中心根据项目的进展和需要随时增减人员，采取人员能进能出、职务能上能下的用人机制。

同时，公司对技术创新工作给予政策支持，在工资分配、用人制度、技术开发等方面可实行特殊政策，大胆实施创新机制，对技术人员实行一系列的激励机制，加大对企业核心技术开发和创新项目有突出贡献的人才的激励力度。

（五）产学研合作

公司与×××大学机电学院本着"真诚合作，讲究实效，互惠互利，共同发展"的原则，经过双方友好协商，决定在科学研究、教育教学、人员培训等校企产学研方面开展全面合作，签订了《产学研合作框架协议书》。

（六）研发设备

自研发中心成立以来，为了提高新产品的科技含量，增加中心房屋建设、办公设施等投入。研发中心面积达600平方米以上，投入600万元以上，改善研发环境，增添各种高端设备和检验检测、试制设备，使公司产品和技术积累有了很大增长。

三、研发设备仪器清单

研发中心拥有的主要科研设备（仪器）清单

序号	仪器设备名称（型号）	数量	金额（万元）	用途
1	数显投影仪	1	12.10	电线、电缆机械物理性能、电性能测试
2	高阻计、恒温水浴	3	1.50	
3	高压试验台、电桥	5	11.50	
4	拉力机	1	13.80	
5	老化箱	2	2.60	
6	可塑度试验仪	1	1.45	
7	分析天平	1	0.15	
8	标准电阻	5	0.50	
9	测厚仪、干湿仪	2	0.08	电线、电缆机械物理性能、电性能测试
10	数位温度表	1	0.02	
11	托盘天平、电子天平	2	0.07	
12	杠杆千分尺	7	0.20	在线测量工具
13	工频火花机	9	6.80	用于线缆在线例行试验
14	外径测控仪	6	7.50	在线自动测量、控制
15	真空压力表	4	2.30	铜线退火
16	削片机	1	5.25	交联电缆试片制作
17	游标卡尺	15	0.20	在线测量工具
18	挤橡机	1	56.50	用于高强度耐候吊装电缆生产
19	硅烷交联挤出机	1	70.50	用于铜芯环保型低烟无卤阻燃电线生产
20	电线感应预热器	1	0.80	用于铜导体的预热
21	束丝机	1	7.30	用于柔软绝缘线内导体的生产
22	成缆机	1	37.10	用于电缆内芯绝缘线、导体的绞合

附录3-10 产学研合作协议

××××××有限公司—××××××大学
科技合作协议

为充分发挥各自优势，实现科技资源共享，提升科技创新能力，更好地为流程阀门及流体工程装备产业提供科技支撑，××××××有限公司和××××大学（×××××××实验室）经双方充分协商，就加强科技合作达成如下协议。

一、合作领域

1. 加强苛刻工况阀门和流体调控系统等关键技术研究与开发。围绕甲方现有产品的技术改进、苛刻工况阀门开发和流体调控系统集成，双方联合重点开展基于实际工况的内部多相流动特性、压力—流量特性、针对和噪声控制及流体调控系统集成等关键技术问题的研究，加快苛刻工况流程阀门等流体工程装备及系统的开发，促进在流程工业和新兴产业领域的工业化应用。

2. 加强人员交流互访和科技项目申报方面的合作。双方根据需要组建联合研发团队联合开展阀门及流体输送控制等领域的研究开发工作，积极申请和承担省级和国家级各类科技计划项目。乙方积极协助甲方申请并承担市级、省级及国家级相关科技项目，甲方吸纳乙方有关研究团队成员参与甲方的技术开发和工程应用项目。

3. 加强科研条件建设和合作共享。双方的实验室、测试室和计算工作站等科研条件资源相互开放、实现共享。相互支持对方建设流体机械工程领域的基础研究和工程技术开发等实验平台，进一步提升科研的支撑能力。双方根据实际需要，可以联合申请省级和国家级重点实验室和工程技术中心等科技创新平台。乙方支持甲方省级重点研究院和企业博士后工作站等科研平台的申请和建设工作，甲方为乙方创建动力工程和工程热物理一级学科博士点和博士后工作站提供必要的条件支持。

二、合作机制

1. 双方建立每年至少 1 次会晤的定期商议制度，共同研究解决合作过程中遇到的有关问题。双方各指定 1 名负责人具体负责双方合作有关具体事项。

2. 双方合作可以采用根据具体合作项目或按实际工作内容支付费用的方式。具体合作项目另行商定和签署委托开发合同。对于实际工作内容，甲方可按乙方实际投入人力资源情况，按甲方技术人员的薪金支付乙方实际工作人员一定的费用，具体支付方式根据工作内容另行商定。

3. 双方合作过程中取得的知识产权、论文发表和成果报奖等科技成果归双方共有，具体署名按双方有关人员实际贡献程度协商安排。

4. 双方在合作过程中应承担相应的技术和商业保密义务，如果泄密应承担相应的责任。未经另一方同意，任何单方都不得以任何方式泄露对方或合作过程中涉及的保密信息（包括图纸、参数、技术数据、各种形式软件及其他的商业和/或技术信息）。

三、其他

1. 本协议经双方代表签字盖章之日起生效，暂定第一期合作期限为 2017—2020 年 4 年。双方可根据合作成效商定下一个合作期限。

2. 本协议如有不尽事宜，由双方友好协商解决。

3. 本协议一式两份，甲、乙双方各持有一份，具有同等法律效力。

甲方：××××××有限公司（盖章）

代表（签字）：

日期：　年　月　日

乙方：××××大学（盖章）

代表（签字）：

日期：　年　月　日

附录3-11 科技人员培养进修制度

科技人员培养进修暂行办法

(2013年11月26日公司总经理办公会议研究通过)

一、总则

1. 为了加强学科建设和人才培养，建设一支具有良好思想品德和业务素质的科技人员队伍，引进和运用国内外先进技术，不断提高中心整体专业技术水平，建立科技人员培训工作管理的计划化、规范化和制度化，加强进修培训管理，经研究，结合我公司实际，特制定本管理办法。

2. 本办法适用于中心科技人员外出进修培训，包括管理培训、现代技术培训、单科进修、短期培训班、专业技能及职业资格证书培训、社会实践等。

3. 主要原则：

（1）总体规划、合理安排的原则。在确保工作正常进行的前提下，根据公司工作需要，制订年度进修计划，分期、分批合理安排培训进修。对要求进修培训的科技人员进行考核，实行择优安排，专业学科带头人和专业后备人才优先参加培训进修，对考核不符合培养条件的暂不安排进修培训。

（2）重点培养、有所侧重的原则。根据公司发展的需要，单位认定的学科及专业带头人、专业负责人、技术骨干、管理关键岗位负责人、年轻大学生作为培养重点，通过培训更好地履行岗位职责。

（3）按需培训、学用一致的原则。培训、进修应符合公司学科建设与发展的近期需求和长远目标。坚持自修与进修相结合，以自修为主；在职与脱产相结合，以在职为主；学历培训与非学历培训相结合，以学历培训为主；高学历与低学历并举，以高学历为主。加强理论实践一体化能力的培养，提高技能操作水平，取得相应专业职业资格证书和技能等级证书。

(4) 注重效果、讲究效益的原则。合理使用培训经费，不断改进培训措施。进修培训应立足在职、利用业余时间进行。要根据实际工作需求，合理选择培训形式，避免重复培训和连续培训。

(5) 单位申报、履行审批的原则。公司各部门、各单位安排员工进修培训，应通盘考虑，年初有计划、有步骤地进行。坚持个人申请、单位申报、部门审核、总经理审批。所有单位科技人员的进修培训须纳入中心的培训计划。没有纳入培训计划的进修培训申请，不予安排。

二、条件资格

公司选派人员进行培训进修应符合如下条件：

1. 进修项目必须与自身专业对口，符合中心业务发展规划；
2. 平时工作积极认真、兢兢业业，具有良好的职业道德，遵章守纪、服从管理；
3. 具有中级专业技术任职资格并已获中心聘任，或已在中心工作3年以上（含3年）的初级专业技术人员，是中心的业务骨干；
4. 原则上相同专业1年内不得外派2人进修；
5. 同一职称期内或5年以内，原则上只能外出进修1次；
6. 特殊情况需报总经理批准。

三、培训申请程序

外出进修应根据公司的研究开发和人才培养计划统筹安排，各部门、各单位负责人年底前制订次年度本单位人员外出进修计划，报人力资源部；人力资源部根据各单位上报的计划，在每年的12月底之前编制好全中心外出进修计划，并报公司领导审批。

四、具体实施

1. 人力资源部根据公司发展的规划及各部门的业务需要，选择合适的培训机构派员工外出参加进修培训。
2. 培训费用：指参加外派进修培训由公司支付的所有费用，如派送至外地的含食宿、交通等费用。
3. 参加外派进修培训的员工必须与公司签订相应的培训协议书，经人力资源部备案后，方能在财务部借出资金，执行相关的培训。

4. 对有考试任务（公司要求必须通过考试）的外派进修培训，受训员工必须在培训结束的第一时间参加考试。若该考试涉及额外的考试费用，则费用处理方式如下：

（1）第一次考试由公司承担所承诺的考试费用；

（2）若第一次考试未通过，受训员工必须参加补考的，补考的费用由员工本人承担一半；

（3）若进修员工在参加培训后，无正当理由拒绝参加考试的，则该次培训的所有费用由受训员工承担。

5. 公司员工参加各类外派进修培训除应遵守本公司的规章制度外，还应遵守培训单位的有关规定，维护本公司的良好形象，力争取得优异成绩。

6. 公司员工参加外训取得的各种证书和成绩单应报人力资源部备案，作为年度考核的依据。

7. 公司员工参加主要由公司出资的学习、培训应视具体情况同时办理合同变更，进修培训结束后应服从公司的工作安排或岗位调整。

8. 关于外派进修培训协议期限：凡公司出资的外派进修培训，按培训费用的额度定协议期限：

（1）费用总计在4000元（含4000元）以内的，协议期为1年；

（2）费用总计在4000~6000元（含6000元）的，协议期为2年；

（3）费用总计在6000~10 000元（含10 000元）的，协议期为3年；

（4）费用总计在10 000元以上，每增加5000元协议期增加1年。

9. 违约赔偿。公司员工违约需要赔偿相关费用。

（1）员工如在培训进修协议期内（以员工与公司签订的培训协议为准）自动辞职，或公司按公司规章制度提前解除与员工的劳动关系的，员工应赔偿公司的培训费用，赔偿金额的计算方法为：赔偿金额=培训期间公司支付的所有费用×（协议期未履行完的月份数÷培训协议期的月份数）。

（2）员工在学习培训期间因违反本制度给公司造成损失的，应该负相关的赔偿责任。

五、考核

1. 所有进修培训人员必须认真参加培训学习，遵守所在单位的规章制度，定期向公司人力资源部汇报自己的思想和学习情况，通过努力顺利完成进修培训任务。

2. 进修培训结束后，应将学籍档案、毕业证、学位证书的复印件或结业证等材料交人力资源部存入个人技术档案。

3. 进修员工在进修培训结束后，返回公司，需在3日内写出总结报告上报人力资源部。培训报告要针对培训专题，结合公司实际，拿出解决问题的办法和措施，以促进学习成果的转化。人力资源部对其培训成果做出评估。培训效果不理想的，下次外派不予考虑。达不到要求者给予相应处理。

六、附则

本制度最终解释权和修订权归人力资源部。本办法自颁布之日起执行。

附录 3-12 职工技能培训制度

技术研发人员职业技能培训管理办法

一、总则

1. 目的

为了规范和促进技术研发部的员工培训工作，提升技术研发人员的职业技能和素质，提高公司的技术研发水平，从而提高公司的实力，特制定本制度。

2. 适用范围

本办法适用于公司技术研发部的所有员工。

3. 管理职责分工

（1）人力资源部是技术研发人员培训工作的归口管理部门，负责培训活动的计划制订、实施和控制。

（2）技术研发部、生产部等相关部门负责协助人力资源部进行培训的实施与反馈评价工作，负责组织部门内部的培训活动。

4. 培训类别与内容

技术研发部的培训类别包括新员工培训、岗位技能培训、转岗培训等，具体如下。

技术研发人员培训分类与内容

培训类别	培训对象	培训目的	培训内容	培训方式
新员工培训	新员工	帮助新员工尽快了解和熟悉公司，尽快融入公司环境和进入工作角色	1. 公司概况、企业文化组织结构、管理层人员； 2. 公司发展战略、方针； 3. 公司各项规章制度； 4. 所任职位业务知识与技巧	授课、参观、操作指导

续表

培训类别	培训对象	培训目的	培训内容	培训方式
岗位技能培训	在岗员工	增强员工技能，提高工作质量和效率，减少工作失误	1. 岗位技能； 2. 相关知识技能拓展	授课、操作指导
转岗培训	岗位调动人员	为工作轮换、横向调整和晋升做准备	1. 新岗位基本情况； 2. 新岗位技能培训	操作指导
继续教育培训	专业技术工作人员	提高专业技能，提高公司整体技术水平	公司外部专业培训机构的专业技术技能培训	授课、操作指导
部门内部培训	部门内部员工	为满足实际工作需要，对员工进行小规模、灵活实用的培训	部门内各项工作、流程培训	操作指导
员工自我培训	员工自身	提高自身素质和业务能力	员工自身相关知识和技能	自我培训

二、培训资源管理

1. 培训讲师档案管理

技术研发人员培训讲师分为内部讲师和外部讲师，由人力资源部建立培训讲师档案。

2. 公司内部讲师管理

（1）技术研发部内部讲师为技术研发高级工程师，各级主管人员负有培训下属员工的义务和责任。

（2）内部培训师可以报销一定金额的书籍费，视每年培训的次数而定。

3. 外部讲师管理

外部讲师是公司聘请的授课讲师，其课酬根据实际情况和培训预算确定，公司通过培训效果的评估决定是否继续聘请该讲师。

4. 培训教材管理

培训教材包括内部教材和外部教材，教材的形式可以是书面文字、电子文档、录音、录像等，教材由培训专员统一管理。

5. 内部培训教材的获取

（1）工作过程中的经验分享与教训总结。

（2）公司重大事件案例。

（3）培训师组织开发培训教材。

（4）人力资源部经理与培训专员组织开发培训教材。

6. 外部培训教材的引入

（1）公司聘请外部机构进行培训的，外部机构应提供教材，教材由培训专员统一归档管理。

（2）公司员工参加外派公开课程的，应在培训结束1周内将教材的原件或复印件交由培训专员存档管理。

7. 培训设施设备管理

培训设施设备的建设、购置、维护和管理由公司人力资源部负责。

8. 培训经费控制

（1）公司每年投入一定经费用于培训员工，培训经费专款专用。

（2）培训费用的报销范围包括学费、报名费、资料教材费用等。

（3）为了便于管理，因培训所发生的交通、餐饮费用在各部门预算费用中列支，按公司标准报销。

三、培训计划制订与实施

1. 培训需求调查

（1）培训专员根据公司经营发展需要，在每年11月向各部门（包括技术研发部）发放"年度培训需求调查表"或在年度中期开展临时培训需求调查。

（2）各部门依据培训专员提供的信息，征求部门人员意见，按要求填写"培训需求调查表"，在规定时间内交公司培训专员汇总。

2. 培训需求分析

培训专员在人力资源部经理的指导下，根据培训需求调查结果进行培训需求分析，为培训计划的制订提供依据。

3. 制订"年度培训计划"

人力资源部经理组织培训专员根据"年度培训需求调查表"反馈的

信息及外部培训信息进行分析，制订"年度培训计划"和"年度培训预算"，报主管副总和公司总经理审批。

4. 年度培训计划实施

（1）培训专员根据"年度培训计划"实施培训活动，按月份向部门公布课程安排情况，部门根据培训计划调整工作，让员工有充足的时间参加培训。

（2）培训专员根据培训安排，确认参加培训人员及费用预算，做好培训的组织工作并控制培训费用开支。

5. 计划外培训需求的审核和执行

当需要临时增加培训项目时，由需求部门提前 3 周向培训专员提出培训申请，填写"培训申请表"，培训专员审核后报相关领导审批，领导审批通过后由人力资源部组织执行。

6. 培训过程记录

培训专员负责对培训过程进行记录，保存培训资料，如电子文档、录音、录像、幻灯片等，培训结束后以此为依据建立培训档案。

四、培训考核与效果评估

1. 培训效果评估与考核内容

公司培训效果评估与考核的内容包括以下 7 点：

（1）培训课堂考核（纪律和态度考核）。

（2）培训考试、总结、工作笔记、案例分析。

（3）现场操作。

（4）日常工作应用（有记录或成果）。

（5）工作改善计划或方案。

（6）分享、授课或主持研讨会。

（7）工作业绩考核。

2. 培训效果评估调查

培训专员组织学员填写"课程评估调查表"，对本次培训课程的安排、培训师的授课质量等进行评估。

3. 培训考核

（1）培训考核一般由学员的直接领导负责，培训专员协助进行。

（2）学员须作培训小结，总结进步。培训小结与培训成绩将一起被放进学员的人事档案。

4. 培训成果运用

培训结束后，学员应将在培训中获得的知识、技能应用于工作中，培训专员应不定期地了解学员培训后的工作情况。

五、员工培训的权利与义务

1. 员工培训权利

（1）在不影响工作的前提下，员工有权利要求参加公司内部举办的各类培训。

（2）经批准参加培训的员工有权利享受公司为培训学员提供的各项待遇。

2. 员工培训义务

（1）培训期间，培训学员一律不得故意规避或不参加培训活动。

（2）培训结束后，员工有义务将所学的知识和技能运用到日常工作中去。

（3）参加非脱产培训一般只能利用业余时间，确需占用工作时间参加培训的员工，应凭培训部门的有效证明，报本部门和人力资源部批准。

（4）员工在脱产培训期间，不能解除或终止劳动合同。合同在培训期间到期的，应续签一定年限的劳动合同，其生效日期为前一份合同期满之日。

（5）具备下列条件之一的，培训员工须与公司签订培训协议：

1）脱产培训时间在3个月以上的。

2）在1个自然年度内，公司支付培训费用在5000元以上的。

3. 外出培训人员义务

（1）外出培训人员返回后，须将所学的知识整理成完整的学习资料，连同考核成绩、结业证书复印件等相关资料送本部门及人力资源部存档。

（2）外出培训人员有义务将培训时所学的知识整理成文，作为讲习材料，在人力资源部的安排下讲授给相关人员。

六、培训档案管理

1. 培训档案管理

(1) 人力资源部建立培训工作档案,包括培训签到表、培训讲师档案、培训机构档案、培训人数、培训时间、学习情况、获得的各类培训材料、内部考试试卷等。

(2) 人力资源部建立员工培训档案,填写"员工培训记录表",将员工接受培训的具体情况和培训结果详细记录备案。

2. 部门内部培训记录

部门组织内部培训时,应填写"员工培训记录表",将员工接受培训的具体情况和培训结果详细记录备案,并送交培训专员存档。

附录 3-13　科技人员绩效评价奖励制度

科技人员绩效评价奖励暂行办法

一、总则

1. 目的

为更好地完善公司研发项目管理，保证研发项目的按期、高效、高质完成，促进公司和研发人员自身的发展，特制定本制度。

2. 方法与原则

（1）项目绩效考核是指以项目为单位，在项目过程中或完结后，相关部门对项目所涉及的阶段或最后的工作成果进行评估，对参与项目的研发人员进行绩效考核。

（2）项目考核主要采用定量的原则。

3. 适用范围

本办法适用于公司所有参与研发项目的科技人员。

二、项目考核

1. 项目研发考核评价执行部门

研发部依照项目考核制度对项目完成情况进行考核评价，考核评价结果经主管技术副总审核后，报总经理批准。

2. 项目奖励基金的计提

实际可计发项目奖金 = 项目奖励标的额 × 项目评价总得分/100。

3. 项目研发奖金的发放

（1）个人项目奖金 = 项目实际奖金 × 分配系数。

（2）项目负责人分配系数 = 3 × 项目组研发人员平均分配系数。

（3）分配系数由研发项目负责人提出，经主管副总审核，报总经理批准。

4. 效益奖励的评定及分配办法

（1）新产品研发上市的，其项目效益奖励按产品上市后利润（不含税售价－不含税原料成本）总额的15%计提，持续3年。以新产品批量投产（主要产品以环保局报批后为准）后第一次发票开出为准，中途如因客户需求、公司要求进行大幅度调整则奖励期顺延。

（2）非新产品的，其项目效益奖励按项目成功后1年内产生的纯利的15%计提，其效益的评价由公司管理委员评定。

5. 效益奖励按项目奖励的分配规则利及所有项目参与人员。

三、项目管理

1. 项目考核流程

项目考核分为二级考核体制，即项目考核和项目成员考核。

（1）项目考核：项目正式立项后，由研发部拟定《项目任务书/新产品开发任务书》，确定该项目中项目进度、项目质量、研发费用、客户满意度目标及其他要求，由研发部接受该项目的负责人签字确认，并经相关领导审核后留存1份复印件交总经理。

（2）相应部门按照项目进度考核表、项目质量考核表、项目费用使用考核表、项目客户满意度考核表、项目技术资料汇总考核表、其他要求考核表，对项目研发情况进行评分；考核时间为半年1次。

（3）项目成员考核：研发项目负责人接到项目后，依据项目任务书，分配任务到项目组相关员工。在该项目完结后，由成员直属领导依据《研发项目个人工作业绩考核表》，综合项目考核得分采取强制分布，对员工项目个人业绩进行评分。

2. 项目考核内容和各阶段考核所占权重

项目考核内容分为项目进度、项目质量、项目费用使用、客户满意度、技术资料汇总、其他6个方面，其考核内容和相应权重为：项目质量60%、项目进度20%、目标客户满意度10%、其他（安全、协作、技术保密等）10%，技术资料费用和研发费用使用合理性作为参考指标。

3. 项目目标调整

项目任务书一经确定，原则上不许调整，如因实际需要调整，调整流程如下：

（1）质量目标调整必须由研发项目负责人申请，研发部门负责人初审，研发分管领导批准。

（2）进度目标与研发费用调整必须由研发项目负责人申请，研发部门负责人审核，研发分管领导核准。

（3）客户满意度及其他要求目标不许调整。

（4）项目考核目标调整后，由研发项目负责人重新填写《项目任务书/新产品开发任务书》，由研发部门负责人签字确认（并附申请调整部门的申请报告和相关人员的书面同意意见）。

（5）因公司客观原因，项目目标未达成，须经分管领导的书面同意后方不影响其考核成绩。

4. 项目考核内容

研发部根据项目目标任务及完成情况，每半年组织1次对项目的考核工作。具体考核内容如下：

（1）项目质量考核

1）项目质量由研发部组织相关部门成立评审小组进行考核。

2）项目质量考核得分计算办法。

项目质量考核包括工艺方面、技术应用方面、质量稳定等方面，其计算办法是对照不同扣分标准进行评分，项目质量考核中允许出现负分。

3）项目质量考核流程。

研发中心安排评审小组对项目质量进行评分，并填写《项目质量考核表》。

（2）项目进度考核

1）项目进度由研发部进行日常记录与考核。

2）项目进度考核采取项目延期率指标进行考核，项目延期率是指考核项目实际完成周期超出计划完成周期的程度（完成周期以最后一次批准的变更计划周期为准）。

3）项目进度考核得分计算方法。

①项目延期率 =（项目实际执行天数 − 项目计划执行天数）/项目计划执行天数 × 100%

②项目进度得分（A）与项目延期率（X）关系如下：

X	A	备注
$X = 0$	$A = 100$	$X = 0$ 表示按时完成得满分；如果 $X < 0$，表明总进度超前，可以给予 20 分以内的正向激励分
$0 < X \leq 50\%$	$A = 100 - 100 \times \lvert X \rvert \times 2$	
$X > 50\%$	$A = 0$	

4）项目进度考核流程。

研发部对项目进度进行评分，并填写《项目进度考核表》。

（3）项目客户满意度考核

1）项目客户满意度由市场部进行日常记录与考核。

2）由市场部对项目客户满意度进行最终评分。

（4）其他要求考核

1）其他要求（如安全、保密、环境保护等）由研发部进行日常记录与考核。

2）其他要求考核得分计算办法。

项目研发期间试验安全事故小于或等于3次，无发生泄密事件，无环保事故，该项考核得满分。项目组成员由于管理失职、不作为或严重违反公司制度的行为导致管理失控，给公司造成重大损失，或发生重大安全责任事故、质量事故、环保事故，或发生严重损害公司形象和声誉的事件，公司将根据责任人对事件应负责任的性质（包括管理连带责任）和大小，扣除部分或者全部绩效奖励。

研发部根据该项目在研发期间的实际情况进行考核评分。所有考核内容评分结束后，研发部计算各项目综合得分并存档。

5. 项目组成员考核

（1）项目完结且公司项目考核小组对该项目考核分数出来后，研发部门负责人，对项目成员个人业绩进行评分；如果参与该项目的人数较少，项目考核得分即为该项目所有成员的得分。

（2）项目组成员个人业绩得分的算术平均分不得超过该项目得分，且个人业绩分数按如下标准分布。

项目得分	各分数段人数权重范围			
	60分以下	60~69分	70~79分	80分以上
60分以下	60%	20%	0~20%	不要求
60~69分	20%	60%	20%	10%
70~79分	0~20%	0~20%	60%	20%
80分以上	不要求	0~20%	20%	60%

注：项目组成员个人奖金之和不得高于该项目总奖金。

6. 考核中的沟通与绩效考核

（1）项目进程中和项目完结后，研发部负责不定期召开项目沟通会，并形成专门的项目会议资料。

（2）项目考核结束后1周内，总经理负责召开由研发项目负责人和各考核部门负责人参加的项目考核会（可并入经营层会议），就项目过程中的经验教训进行总结，研发项目负责人也可对其认为评分不合理的地方进行申诉，通过沟通达成一致意见，无法达成一致意见的，会上按少数服从多数的原则解决。

（3）直属上司在部门考核时，被考核员工对考核分数必须确认，并对有异议的地方进行沟通；直属上司针对得分较低的员工要进行专门的沟通，分析其绩效较低的原因，为该员工绩效的提高提出指导性意见。

（4）老产品的效益奖励于项目完成1年后，研发部向经营层提交效益评估，按规则计提相应的效益奖励。

四、附则

本办法从发布之日起实施。

第4章 研发费用和高新技术产品（服务）收入归集方法

专项审计报告和近 3 年度审计报告是专家在评审申请认定企业研发费用及占比、高新技术产品（服务）及占比、净资产增长率和销售收入增长率等财务指标是否符合高新技术企业财务认定条件的主要依据，其中，最为关键也是很基础的就是研发费用和高新技术产品（服务）收入如何归集。本章主要按照《认定办法》和《工作指引》的要求，对研发费用和高新技术产品（服务）收入的归集方法和相应的专项审计注意事项进行阐述。

一、研发费用的归集方法

《工作指引》规定的研发费用与《关于完善研究开发费用税前加计扣除政策的通知》（财税〔2015〕119 号）规定的研发费用加计扣除有差异，计算口径有所不同。加计扣除的优惠政策享受是企业的自由选择，不是每家申请认定企业一定要每年都做加计扣除，即使做了加计扣除，在所得税年度纳税申报表中《加计扣除优惠情况明细表》里面的研发费用与高新技术企业认定确认的研发费用不一定一致。加计扣除对研发费用做账的要求比高新技术企业认定研发费用做账要求更为严格，在加计扣除时，财税〔2015〕119 号文件里给出了相应的研发支出辅助账样表，但是高新技术企业认定申请时建立的辅助账不一定要与加计扣除的研发支出辅助账相同。

（一）高新技术企业研发费用和研发费用加计扣除的计算口径对比

《关于完善研究开发费用税前加计扣除政策的通知》（财税〔2015〕

119号)规定的研发费用与《工作指引》规定的研发费用存在一定的差别(附表4-1),它们之间主要的区别说明如下。

1. 研发活动定义

财税〔2015〕119号文件对企业研发活动规定的范围相对要窄,而且要求企业研发活动要能体现系统整体目标,同时也列出了7种不适合税前加计扣除的企业活动。

2. 人员人工费用

财税〔2015〕119号文件对人员人工费用归集范围缩小到直接从事研发活动人员,而《工作指引》可以归集到所有科技人员。

3. 直接投入

主要在于固定资产的范围不同,通过经营租赁方式租入用于研发活动的固定资产租赁费中只有仪器、设备租赁费可用于财税〔2015〕119号文件规定的研发费用加计扣除;而《工作指引》中以经营租赁方式租入的固定资产不仅包括仪器、设备,还包括房屋、建筑物等。企业在计算加计扣除的研发费用时,应扣减已按财税〔2015〕119号文件规定归集计入研发费用,但在当期取得的研发过程中形成的下脚料、残次品、中间试制品等特殊收入;不足扣减的,允许加计扣除的研发费用按零计算。而《工作指引》对此未做明确规定。

4. 折旧费用与长期待摊费用

在用建筑物折旧费用和长期待摊费用不能参与财税〔2015〕119号文件规定的研发费用加计扣除,企业用于非研发活动的仪器设备使用情况需做好必要记录,并将其实际发生的相关费用按合理的分配方式在研发和生产管理间分配,未分配的不得加计扣除。而《工作指引》对此未做明确规定。

5. 装备调试费用与试验费用

装备调试费用和田间试验费不能参与财税〔2015〕119号文件规定的研发费用加计扣除,而《工作指引》则是可以将装备调试费用和田间试验费纳入研发费用进行归集。

6. 其他费用在研发费用的占比不同

财税〔2015〕119号文件规定其他费用占比不得超过可加计扣除研发费用总额的10%,而《工作指引》规定其他费用占比不超过研究费用总额的20%。

7. 委托外部研究开发费用

财税〔2015〕119号文件规定企业委托境外机构或个人进行研发活动所发生的费用，不得加计扣除；而《工作指引》可以进行归集，但要求在中国境内发生的研发费用总额占全部研发费用总额的比例不低于60%，而且只能按照实际发生额的80%计入委托方研发费用总额，也相对地限制了委托境外机构或个人进行研发活动所发生的费用金额。

（二）财务账的做账方法

目前，财务账的做账方式分为2种：第一种，在成本类科目设置研发支出，分别按"资本化支出"和"费用化支出"核算；第二种，按管理费用—研发费用科目核算。

对于第一种来说，企业内部研究开发项目分为研究阶段和开发阶段。研究阶段应当于发生时计入当期损益，而对应开发阶段必须同时满足下列5个条件的，才能确认为无形资产。

①完成该无形资产以使其能够使用或出售在技术上具有可行性；
②具有完成该无形资产并使用或出售的意图；
③无形资产产生经济效益的方式；
④有足够的技术、财务资源和其他资源支持，以完成该无形资产的开发，并有能力使用或出售该无形资产；
⑤归属于该无形资产开发阶段的支出能够可靠计量。

企业在进行研究与开发无形资产过程中发生的各项支出是通过"研发支出"科目核算的，使用该科目时需注意以下几点：

①本科目核算企业进行研究与开发无形资产过程中发生的各项支出。
②本科目应按照研究开发项目，分别按"费用化支出"与"资本化支出"进行明细核算。
③研发支出的主要财务处理：

a. 企业自行开发无形资产发生的研发支出，不满足无形准则规定的资本化条件的，借记本科目（费用化支出）；满足无形准则规定的资本化条件的，借记本科目（资本化支出），贷记"原材料""银行存款""应付职工薪酬"等科目。

b. 企业以其他方式正在进行的研发项目，应按确定的金额，借记本科目（资本化支出），贷记"银行存款"等科目。以后发生的研发支出，应当按照上述 a. 款要求进行办理。

c. 研究开发项目达到预定用途形成无形资产的，应按本科目（资本化支出）的余额，借记"无形资产"科目，贷记本科目（资本化支出）。期末，企业应将本科目归集的费用化支出金额转入"管理费用"科目，借记"管理费用"科目，贷记本科目"费用化支出"。

d. 本科目期末借方余款，反映企业正在进行中的研发项目满足资本化条件的支出。

例如，某公司 2015 年自行开发专利技术获得成功，在整个开发阶段发生相关支出如下：各种材料支出 10 万元，人工支出 5 万元，其他费用 5 万元。该公司财务处理如下：

若开发阶段发生的相关支出不满足资本化条件：

借：研发支出—费用化支出 20 万元

 贷：原材料 10 万元

   应付职工薪酬 5 万元

   银行存款 5 万元

若开发阶段发生的相关支出同时满足资本化的 5 个条件，即可进行资本化：

借：研发支出—资本化支出 20 万元

 贷：原材料 10 万元

   应付职工薪酬 5 万元

   银行存款 5 万元

对于第二种来说，"管理费用—研发费用"科目核算并分项归集，如企业研发 LED 系列灯，如图 4-1 所示，在一级科目"管理费用"中设置"研发费用"，再按研究开发项目对具体费用明细进行归集。按要求核算形成的余额表如图 4-2 所示。

图 4–1　在“管理费用”中设置“研发费用”

总余额表　分币别余额表　数量余额表　虚账户发生额

科目代码	科目名称	期初余额		本期发生		期末余额	
		借方余额	贷方余额	借方发生	贷方发生	借方余额	贷方余额
52164	研发费用			2,182,727.63	2,182,727.63		
5216401	EPDM多楔带的研发			248,668.12	248,668.12		
521640101	人员经费			72,380.00	72,380.00		
521640102	直接投入			147,798.89	147,798.89		
521640103	折旧费			23,765.49	23,765.49		
521640104	其他			4,723.74	4,723.74		
5216402	氢化丁腈橡胶汽车同步带的研发			455,202.61	455,202.61		
521640201	人员经费			163,110.00	163,110.00		
521640202	直接投入			224,873.19	224,873.19		
521640203	折旧费			55,744.69	55,744.69		
521640204	其他			11,474.73	11,474.73		
5216403	双面齿同步带的研制			324,243.87	324,243.87		
521640301	人员经费			147,470.00	147,470.00		
521640302	直接投入			115,954.09	115,954.09		
521640303	折旧费			50,557.38	50,557.38		
521640304	其他			10,262.40	10,262.40		
5216404	高品质耐热V带的研发			270,277.92	270,277.92		
521640401	人员经费			98,710.00	98,710.00		
521640402	直接投入			131,308.42	131,308.42		
521640403	折旧费			33,598.87	33,598.87		
521640404	其他			6,660.83	6,660.83		
5216405	防撕裂耐高温输送带的研发			643,854.53	643,854.53		
521640501	人员经费			188,860.00	188,860.00		
521640502	直接投入			377,718.66	377,718.66		
521640503	折旧费			64,256.13	64,256.13		
521640504	其他			13,019.74	13,019.74		
5216406	免维护汽车V带的研发			240,480.56	240,480.56		
521640601	人员经费			74,970.00	74,970.00		
521640602	直接投入			134,943.04	134,943.04		
521640603	折旧费			25,138.66	25,138.66		
521640604	其他			5,428.86	5,428.86		

图 4–2　余额表—研发费用建账明细

（三）研发费用的归集

下面针对研发费用各项明细的归集方法进行阐述。

1. 人员人工费用

主要针对专职研发人员和多用途人员（既从事研发活动，又参与生产活动的人员）2 类人员说明其分摊方法。

（1）专职研发人员费用分摊方法

对于专职研发人员工资的分摊方法很多。这里以工时考勤法为例，给出相应的分摊方法。

若小张在 2016 年 6 月的工资总额为 1 万元，且在该月同时参加了

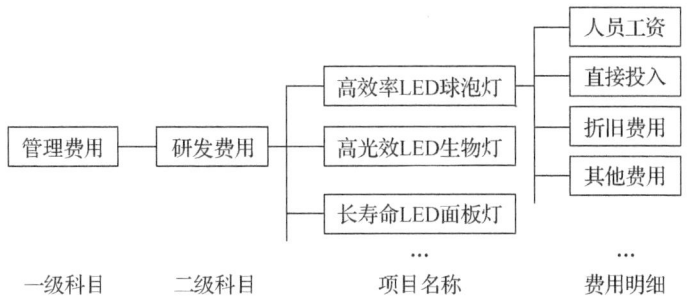

3个研究开发项目（RD01、RD02和RD03）的研发。假定该公司一天的工作时间规定为8个小时，这种情形下需要对小张该月的工资总额1万元分摊到上述3个项目中。分摊如下：2016年6月1日：RD01活动耗时3小时，RD02活动耗时3小时，RD03活动耗时2小时；2016年6月2日：RD01活动耗时4小时，RD02活动耗时2小时，RD03活动耗时2小时；以此类推到2016年6月30日。在此基础上，做好专职研发人员的考勤工作，并填写工时考勤表（附表4-2），再到月末进行汇总，并填写工时汇总表（附表4-3）。

（2）多用途人员费用分摊方法

对于多用途人员来说，有些企业未按实际工时占比进行分摊，按财税〔2015〕119号文件，不得做研发费用加计扣除。但《工作指引》对此没有做出明确规定，根据《工作指引》对科技人员的规定，人员工资归集范围缩小到直接从事研发活动人员。下面举例说明实际工时占比的分摊方法。

若小明在2016年7月的工资总额为1万元，且在该月同时参加了3个研究开发项目（RD01、RD02和RD03）的研发，又参与了非研发活动（生产活动）。假定该公司一天的工作时间规定为8个小时，这种情形下需要对小张该月的工资总额1万元按实际工时占比进行分摊，分别统计研发活动和生产活动的总工时数，按照上述活动各自的占比对工资进行列支。例如，在该月用于研发活动的时间为100小时，而用于生产活动的时间为20小时，即研发与生产工时比例为5∶1，可以将小明1/6的工资列入制造费用，5/6的工资列入研发费用。

对于外聘的科技人员来说，建议签订聘用合同，合同条款中应包括从事研发活动的名称和内容、工作岗位、工作时间（全年183天以上）、薪酬及支付方式等款项。

2. 材料费

用于研究开发活动的材料投入属于直接投入费用范畴，可分为主要材料和辅助材料2类，应按研究开发项目的实际领用进行归集。在研发中心科技人员给出研究开发项目所用实际材料且做好相应预算的基础上，填写主要材料领用明细表（表4-1）和辅助材料领用明细表（表4-2）。

表4-1　2016年1月主要材料领用明细表

项目名称	主要材料名称	领用数量	领用金额（元）	折算成品数量	材料出库单价（元）
项目名称（RD01）	材料名称1	30	60 000.00		2000.00
	材料名称2	1.5	50 000.00		33 333.33
	合计		110 000.00		
项目名称（RD02）	材料名称1	25	50 000.00		2000.00
	材料名称3	50	100 000.00		2000.00
	材料名称4	0.1	1000.00		10 000.00
	合计		151 000.00		
项目名称（RD04）	材料名称5	50	20 000.00		400.00
	合计		20 000.00		
项目名称（RD06）	材料名称1	10	20 000.00		2000.00
	材料名称6	10	10 000.00		1000.00
	合计		30 000.00		
项目名称（RD08）	材料名称3	60	120 000.00		2000.00
	材料名称5	10	4000.00		400.00
	材料名称6	20	20 000.00		1000.00
	合计		144 000.00		
	总计		455 000.00		

表4-2　2016年1月辅助材料领用明细表

项目名称	主要材料名称	领用数量	领用金额（元）	折算成品数量	材料出库单价（元）
项目名称（RD01）	辅助材料名称1	10	3000.00		300.00
	辅助材料名称2	5	1000.00		200.00
	合计		4000.00		
项目名称（RD05）	辅助材料名称1	15	4500.00		300.00
	辅助材料名称2	10	2000.00		200.00
	辅助材料名称3	30	6000.00		200.00

续表

项目名称	主要材料名称	领用数量	领用金额（元）	折算成品数量	材料出库单价（元）
	合计		12 500.00		
项目名称（RD06）	辅助材料名称4	15	1000.00		66.67
	合计		1000.00		
	总计		17 500.00		

3. 燃料动力费

用于研发活动的水和电等费用为燃料动力费，属于直接投入费用范畴。建议首先按照电压和电流来计算研发设备的功率，再乘以实际运行时间和电费单价，算出该设备用于研发活动的总电费。若每台研发设备用于多个研发项目，再按工时分配法确定用于每个项目的实际时间，如表4-3所示。而用于研发活动的水费可根据研究开发主要材料的金额占生产主要材料的比例，确定研发活动用的总水费，再根据每个项目消耗的主要材料金额之比来最终确定每个项目的水费。

表4-3 2016年1月研发设备电费分摊明细表

生产设备名称	设备功率（千瓦）	研发耗用工时（小时）	研发耗电量（千瓦时）	电费单价（元）	研发耗用电费（元）			
设备1	1000	50	50 000	1.50	75 000			
设备2	2000	100	200 000	1.50	300 000			
					0.00			
					0.00			
合计		150	250 000		375 000			
本月项目	项目名称（RD01）	项目名称（RD02）	项目名称（RD03）	项目名称（RD04）	项目名称（RD05）	项目名称（RD06）		合计
各研发项目耗用工时（小时）	5	10	35	25	25	50		150

续表

各项目分摊比例	10%	20%	70%	25%	25%	50%	
各项目电费分摊金额（元）	7500	15 000	52 500	75 000	75 000	150 000	375 000

注：研发耗电量＝设备功率×研发耗用工时，研发耗用电费＝研发耗电量×电费单价。

4. 模具费用

用于中间试验和产品试制的模具属于直接投入费用范畴。实际归集操作过程中，应先在仓库对分别用于生产和研究开发的模具型号和规格进行分类。对于研究开发用模具用于多个研究开发项目的，可按每个项目所消耗的材料金额比例进行分摊。

5. 检验费

用于试制产品的检验费用属于直接投入费用范畴。在某一研究开发项目产品样机或样品需要检测时，建议与具有相关检测资质的第三方检测机构签订相应的合同，合同条款中须注明样机或样品名称、技术指标、检测依据、费用及付款方式等。

此外，用于研究开发活动的仪器、设备的运行维护、调整、检验、检测、维修等费用，应与第三方签订合同，合同条款也应注明上述相关内容。对于通过经营租赁方式租入的用于研究活动的固定资产租赁费，也应事先签订合同，特别是用于研发活动的房屋租赁除合同外，还应附上相应的图纸及规划。

6. 设备折旧费用

用于研发活动的设备折旧属于折旧费用与长期待摊费用范畴。在归集此费用时，会遇到研究开发专用仪器设备和多用途仪器设备（既用于研究开发活动又用于生产）。建议采用研究开发与生产占比来确定，对于研究开发专用仪器设备的研发占比为100%，而多用途仪器设备的研发占比可根据相关部门提供的仪器设备运行工时情况表计算（研究开发运行工时/设备运行总工时），研究开发设备折旧额＝设备月折旧额×研发占比，如表4-4和附表4-4所示。

表4-4 多用途仪器设备运行工时统计单

接收部门：财务部

现就本月研发与生产共用设备的工时统计数据抄送给你部，数据如下：

研发固定资产名称	数量	一般生产运行工时（小时）	研发运行工时（小时）	运行总工时（小时）	研发占比	备注
设备3	2	200	50	250	20.00%	
设备4	1	120	10	130	7.69%	
合计		320	60	380		

研发部负责人：　　　　　　　　　　　　　　　　生产部负责人：

7. 长期待摊费用

用于研究开发仪器设备等科研设施的改建、改装、装修和修理过程中发生的长期待摊费用属于折旧费用与长期待摊费用范畴。一般可事先签订相应的合同，以此作为费用归集的依据。建议合同条款中应注明改建的目的、对研究开发活动的作用、项目名称和内容、费用及付款方式等为凭据。

8. 设计费用

用于为新产品和新工艺进行构思、开发和制造，进行工序、技术规范、规程制定、操作特性方面的设计等发生的费用属于设计费用范畴。建议在委托第三方设计时须签订合同，合同条款包括名称和内容、设计目的、预达到的效果、时间节点、费用及付款方式等。

9. 装备调试费用

研究开发活动所发生的工装准备过程费用属于装备调试费用与试验费用范畴。由于此项费用在归集时有别于大规模批量化和商业化生产设备，建议事先与第三方签订合同，然后再进行归集。合同条款必须注明研究开发项目名称、调试的目的和意义、调试内容、完成前后工艺参数对比、时间节点、费用及付款方式等。

10. 试验费用

新产品、新装备的现场试验费、新药研制的临床试验费、勘探开发技术的现场试验费和田间试验费等属于装备调试费用与试验费用范畴。此项费用在归集时也必须签订合同，合同条款也应注明项目名称、试验内容、测试的指标、时间节点、费用及付款方式等。此外，应让被委托方出具相应的有效试验报告。

11. 委托外部研究开发费用

委托境内外其他机构或个人进行研究开发活动所发生的费用（研究开发活动成果为委托方企业拥有，且与该企业的主要经营业务紧密相关）属于委托外部研究开发费用范畴。此费用在归集时应注意两点：第一，被委托方需到相应的技术开发合同登记地点登记备案；第二，技术开发合同建议采用科技部的统一合同版本，同时需注明项目名称、时间节点、目的和意义、开发内容、技术指标、预期获得成果、费用及付款方式等。

12. 其他费用

技术图书资料费、资料翻译费、专家咨询费、高新科技研发保险费，研发成果的检索、论证、评审、鉴定、验收费用，知识产权的申请费、注册费、代理费，会议费、差旅费、通信费等属于其他费用范畴。此费用在归集时要注意相应原始凭证的附件材料必须完善，例如，差旅费，在填写报销单时应注意报销人必须为研发特定项目的科技人员，时间节点必须在相应的项目起止时间内，同时注明该项目的名称等。

（四）仓库账的做账方法

原材料仓库账是财务账的源头，必须要设置完善的仓库账。根据做账方法，建立如图4-3所示的仓库建账模型。

与传统的建账对比，给出的原材料仓库仍可设置1个，只是分成了2条线，分别为生产领料和研发领料。对于生产领料，最终仍形成了成品仓库；而对于研发领料，目前，很多企业都无法体现用于研发活动的原料去处，对此建议建立试制品和下脚料仓库账。本章"二、高新技术产品（服务）的归集方法"将详细阐述试制品仓库账建立的方法。

为了区分生产材料和研发材料的领用，应在领料单上有所区分：第

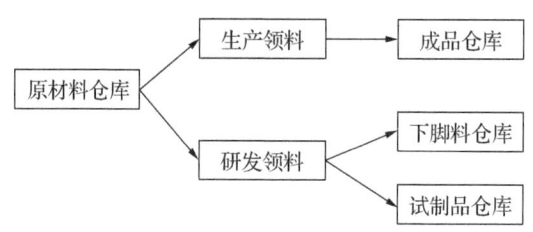

图 4-3　仓库建账模型

一，领料部门及项目名称，另需注意领料时间在研究开发项目立项实施期间，必须逐日领料，不可月底领一笔；第二，领料签字人在填写领料单时不要写出客户名称，因为还没有生产，仅在研发。领料单参考格式如表4-5 所示。

表 4-5　研究开发项目领料单

货物名称	规格	数量	单价（元）	金额（元）	用于研究开发项目名称

领料部门：　　　　　领料人（签字）：　　　　日期：　　年　月　日

在此基础上，月底汇总时应在明细账（摘要栏）上体现研发领用和生产领用，如表4-6 所示。

表 4-6　材料仓库明细账

材料名称：　　　　　　　　　　　　　　　　　　编号：页次：1　总页：1
　　　　　　　　　　　　　　　　　　　　　　　　货名：
存货地址：　　最高存量：　　　最低存量：　　　规格：　　　　类别：

2016年		凭证号数	摘要	收入（借方）			支出（贷方）			结存		
月	日			数量	单价（元）	金额（元）	数量	单价（元）	金额（元）	数量	单价（元）	金额（元）
1	2		购入	34.00						34.00		

续表

2016年		凭证号数	摘要	收入（借方）			支出（贷方）			结存		
月	日			数量	单价（元）	金额（元）	数量	单价（元）	金额（元）	数量	单价（元）	金额（元）
1	4		生产领用				23.00			11.00		
1	5		研发领用××× ×××项目名称				2.00			9.00		
1	8		购入	65.00						74.00		
1	9		生产领用				33.00			41.00		
1	9		研发领用××× ×××项目名称				6.00			35.00		
1	12		生产领用				22.00			13.00		
1	15		研发领用××× ×××项目名称				4.00			9.00		
			本月合计	99.00			90.00					
			累计	99.00			90.00					

（五）研发项目台账材料准备

很多企业未针对每个研究开发项目建立台账，建议申请认定企业要按每个研究开发项目做好研究开发项目年度台账，便于相关部门检查。可以按如下次序准备相关材料，并装订成册。

①封面："××××公司　2016年研发支出台账　项目名称：×××"；
②研究开发项目（RD）年度合计表；
③年度工资合计（或放单项目年度工资合计表，按分配表摘取）；
④年度社保合计（或放单项目年度社保合计表，按分配表摘取）；
⑤年度折旧表（或放单项目年度折旧合计表，按分配表摘取）；
⑥公司内部立项文件或决议文件（省级项目后跟红头文件复印件/预算/技术中心人员表/项目计划书，内部立项文件公司盖章后的复印件）；

⑦研究开发项目（RD）年度明细台账；
⑧附本项目台账凭证顺序的凭证复印件/凭证附件复印件。

二、高新技术产品（服务）收入的归集方法

《工作指引》没有明确对高新技术产品（服务）收入的具体归集方法。下面主要从财务账和仓库账等方面对高新技术产品（服务）收入如何归集进行说明。

（一）财务账的做账方法

《认定办法》规定，对产品（服务）竞争优势发挥核心支持作用的关键技术属于《技术领域》范围要求的产品都为高新技术产品（服务）。由于高新技术产品（服务）定义范围较广，为避免高新技术产品（服务）收入与相应的研究开发项目时间节点上引起误解，特别是对海关对外销产品发票名称有相应规定的高新技术产品。申请认定企业在建账时要注意主营业务收入、高新技术产品（服务）收入和传统产品（服务）三者之间的区别，可以参考图4-4的建账模型来建立财务账。

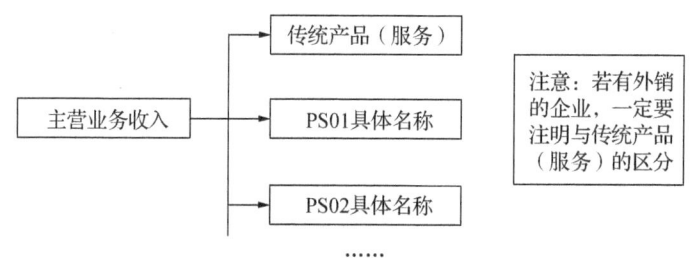

图4-4 高新技术产品（服务）收入建账模型

（二）发票或出库单开具方法

为了财务账方便归集，从原始单据上应区分高新技术产品（服务）和传统产品（服务）。例如，发票名称或备注高新技术产品（服务）名称，也可在成品出库单上注明或备注高新技术产品（服务）名称，如

表 4-7 所示。

表 4-7 高新技术产品（服务）出库单

货物名称	规格	数量	单价（元）	金额（元）	对应高新技术产品（服务）名称
					写上高新技术产品（服务）名称

（三）高新技术产品（服务）收入的台账记录方法

通过 Excel 表格整理和归集具体型号和规格的高新技术产品（服务），如表 4-8 所示。

表 4-8 高新技术产品（服务）汇总表

高新技术产品（服务）名称（PS）	对应的研究开发项目（RD）	产品型号	规格	数量	单价（元）
总计：				日期：	

（四）试制品收入的归集方法

试制品收入在财税〔2015〕119 号文件已有规定。试制品收入的归集如图 4-5 所示。

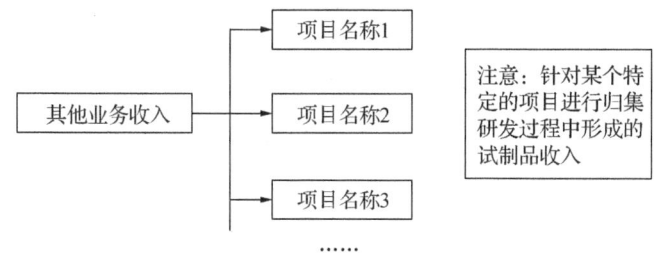

图 4-5 试制品收入归集模型

可以对每个研究开发项目（RD）研发过程中形成的试制品收入进行归集，试制品、下脚料、残次品等的收入可以冲减相应的研发费用。试制品仓库账的建账可从试制品的入库、出库和当月汇总等方面进行，如表4-9、表4-10和附表4-5所示。

表4-9　试制品及废料入库单

送缴部门：研发部　　　　　　　　　　　　　　　　　　仓库：研发仓库

货物名称	规格	数量	单价（元）	金额（元）	备注
试制品及废料名称1	AA	1.0	20 000	20 000	研发项目名称1
试制品及废料名称2	BB	1.5	100	150	研发项目名称2
试制品及废料名称3	CC	3.0	10	30	研发项目名称3

主管：　　　仓库：研发仓库人员　　　记账：　　　经手人：　　　项目参加人员：

表4-10　试制品及废料出库单

客户单位：　　　　　　　　　　收货单位：　　　　　　　　　仓库：研发仓库

货物名称	规格	数量	单价（元）	金额（元）	备注
试制品及废料名称1	AA	1.0	20 000	20 000	研发项目名称1
试制品及废料名称2	BB	0.5	100	50	研发项目名称2

主管：　　　仓库：研发仓库人员　　　记账：研发仓库记账人员　　　经手人：

三、专项审计（鉴证）报告

申请认定企业应在正确归集研发费用和高新技术产品（服务）收入的基础上，委托具有资质并符合《工作指引》相关条件的中介机构进行专项审计或鉴证。专项审计（鉴证）报告主要由主要说明、研究开发费用结构明细表及编制说明、高新技术产品（服务）收入明细表及编制说明、研发活动说明材料等部分组成，具体如下。

（一）审计（鉴证）内容

此部分应介绍专项审计（鉴证）报告的主要内容，参考格式如下：

我们审计了后附的×××××有限公司（以下简称贵公司）2013年、2014年和2015年度的研究开发费用结构明细表、2015年度的高新技术产品（服务）收入明细表及有关编制说明。编制该申报明细表是为了满足贵公司申报高新技术企业的需要。

（二）中介机构责任

此部分应涵盖管理层和注册会计师的责任，参考格式如下：

1. 管理层的责任

按照《企业会计制度》《高新技术企业认定管理办法》和《高新技术企业认定管理工作指引》的规定，编制研究开发费用结构明细表和高新技术产品（服务）收入明细表是贵公司管理层的责任。这种责任包括：①设计、实施和维护与研究开发费用结构明细表和高新技术产品（服务）收入明细表编制相关的内部控制，以使研究开发费用结构明细表和高新技术产品（服务）收入明细表不存在由于舞弊或错误而导致的重大错报；②选择和运用恰当的会计政策；③做出合理的会计估计。

2. 注册会计师的责任

我们的责任是在实施审计工作的基础上对研究开发费用结构明细表和高新技术产品（服务）收入明细表发表审计意见。我们按照《中国注册会计师审计准则》的规定执行了审计工作。《中国注册会计师审计准则》要求我们遵守职业道德规范，计划和实施审计工作以对研究开发费用结构明细表和高新技术产品（服务）收入明细表是否存在重大错报获取合理保证。

审计工作涉及实施审计程序，以获取有关研究开发费用结构明细表金额、高新技术产品（服务）收入明细表金额和披露的审计证据。选择的审计程序取决于注册会计师的判断，包括对由于舞弊或错误导致的研究开发费用结构明细表和高新技术产品（服务）收入明细表重大错报风险的评估。在进行风险评估时，我们考虑与研究开发费用结构明细表和高新技术产品（服务）收入明细表编制相关的内部控制，以设计恰当的审计程序，但目的并非对内部控制的有效性发表意见。审计工作还包括评价管理层选用相关会计政策的恰当性和做出相关会计估计的合理性，以及评价研究开发费用结构明细表和高新技术产品（服务）收入明细表的总体列报。

我们相信，我们获取的审计证据是充分、适当的，为发表审计意见提供了基础。

（三）审计意见

审计意见必须给出审计结论，参考格式如下：

我们认为，贵公司2013年、2014年和2015年度的研究开发费用结构明细表和2015年度的高新技术产品销售收入明细表已经按照《企业会计制度》《高新技术企业认定管理办法》和《高新技术企业认定管理工作指引》的规定编制，在所有重大方面公允地反映了贵公司2013年、2014年和2015年度的研究开发费用情况和2015年度的高新技术产品（服务）收入情况。

（四）各年度研究开发费用结构明细表

根据《工作指引》中研究开发费用结构明细表的格式要求，给出申请前3个会计年度的研发费用结构明细，并由中介机构和申请认定企业签字加盖公章。

（五）近1年高新技术产品（服务）收入明细表

专项审计（或鉴证）报告必须给出近1年高新技术企业产品（服务）收入明细表，如表4-11所示。

表4-11　近1年高新技术企业产品（服务）收入明细

高新技术产品（服务）编号	产品名称	产品销售金额（元）
PS01		
PS02		
PS03		
PS04		

（六）编制说明

此部分应包含委托单位介绍（对公司的股东组成、成立时间、注册资本、地址、营业范围等进行简要介绍）、研发费用审计依据（《认定办法》和《工作指引》）、产品的核心技术发挥的《技术领域》（披露三级子领域中的文字描述）、科技人员占职工总数明细说明、专利技术与高新产品（服务）的对应汇总表（披露主要产品占高新技术产品的收入比例）、研发组织管理水平综述（对公司的研发中心建设、管理制度等进行阐述）、研发项目的核算方法（例如，管理费用—研发费用单独核算并分项归集）、各年度企业研究开发费用情况（披露研发费用的占比）、高新技术产品（服务）收入情况（披露高新技术产品收入占比）等。

（七）研究开发活动说明

此部分应包含项目名称、开发内容、创新点及核心技术、获得的阶段性成果等。

附表4-1 高新技术企业和研发费用加计扣除计算口径对比表

高新技术企业和研发费用加计扣除计算口径对比表

序号	明细	关于完善研究开发费用税前加计扣除政策的通知（财税〔2015〕119号）	关于修订印发《高新技术企业认定管理工作指引》的通知（国科火〔2016〕195号）	主要差别
1	定义	企业为获得科学与技术新知识，创造性运用科学技术新知识，或实质性改进技术、产品（服务）、工艺而持续进行的具有明确目标的系统性活动。下列活动不适用税前加计扣除政策：①企业产品（服务）的常规性升级。②对某项科研成果的直接应用，如直接采用公开的新工艺、材料、装置、产品、服务或知识等。③企业在商品化后为顾客提供的技术支持活动。④对现存产品、服务、技术、材料或工艺流程进行的重复或简单改变。⑤市场调查研究、效率调查或管理研究。⑥作为工业（服务）流程环节或常规的质量控制、测试分析、维修维护。⑦社会科学、艺术或人文科学方面的研究	为获得科学与技术（不包括社会科学、艺术或人文学）新知识，创造性运用科学技术新知识，或实质性改进技术、产品（服务）、工艺而持续进行的具有明确目标的活动。不包括企业对产品（服务）的常规性升级或对某项科研成果的直接应用等活动（如直接采用新的材料、装置、产品、服务、工艺或知识等）	前者对研发活动增加了"系统性"的描述，并明确列出7种不适用税前加计扣除的企业活动，对企业的研发活动范围相对会整体性要求一些，要求企业研发活动应符合整体性原则，能体现系统整体目标

124

续表

序号	明细	关于完善研究开发费用税前加计扣除政策的通知（财税〔2015〕119号）	关于修订印发《高新技术企业认定管理工作指引》的通知（国科火〔2016〕195号）	主要差别
2	人员人工费用	直接从事研发活动人员的工资薪金、基本养老保险费、基本医疗保险费、失业保险费、工伤保险费、生育保险费和住房公积金，以及外聘研发人员的劳务费用	包括企业科技人员的工资薪金、基本养老保险费、基本医疗保险费、失业保险费、工伤保险费、生育保险费和住房公积金，以及外聘研发人员的劳务费用	前者将人员工资归集范围缩小到直接从事研发活动人员，后者可以包括所有科技人员
3	直接投入	①研发活动直接消耗的材料、燃料和动力费用。②用于中间试验和产品试制的模具、工艺装备开发及制造费，不构成固定资产的样品、样机及一般测试手段购置费，试制产品的检验费。③用于研发活动的仪器、设备的运行维护、调整、检验、维修等费用，以及通过经营租赁方式租入用于研发活动的仪器、设备租赁费	①直接消耗的材料、燃料和动力费用。②用于中间试验和产品试制的模具、工艺装备开发及制造费，不构成固定资产的样品、样机及一般测试手段购置费，试制产品的检验费。③用于研发活动的仪器、设备的运行维护、调整、检验、维修等费用，以及通过经营租赁方式租入用于研发活动的固定资产的租赁费	口径基本一致，不一致的在于固定资产的范围不同，通过经营租赁方式租入的固定资产费用可用于研发活动的仪器、设备租赁费均可以加计扣除；而前后者规定不仅包括租赁方式租入的固定资产，还包括房屋、设备等。企业在计算加计扣除归集前各期取得的研发过程中形成的下脚料、残次品、中间试制品等特殊收入；不足扣减的，允许加计扣除的研发费用按零计算。后者对此未做明确规定

125

续表

序号	明细	关于完善研究开发费用税前加计扣除政策的通知（财税〔2015〕119号）	关于修订印发《高新技术企业认定管理工作指引》的通知（国科火〔2016〕195号）	主要差别
4	折旧费用与长期待摊费用	用于研发活动的仪器、设备的折旧费	用于研发活动的仪器、设备的折旧费；在用建筑物的折旧费；长期待摊费用是研发设施的改建、改装、装修和修理过程中发生的长期待摊费用	在用建筑物折旧费用和长期待摊费用不能参与前者规定的研发费用加计扣除，企业用于非研发活动的仪器设备使用情况需做好必要记录，并将其实际发生的相关费用按合理的分配方式在研发和生产管理间分配，未分配的不得加计扣除。后者对此未做明确规定
5	设计费用	新产品设计费、新工艺规程制定费	设计费用是指为新产品和新工艺进行构思、开发和制造，进行工序、技术规范、规程制定、操作特性方面的设计等发生的费用。包括为获得创新性、创意性、突破性产品进行的创意设计活动发生的相关费用	二者可参照

续表

序号	明细	关于完善研究开发费用税前加计扣除政策的通知（财税〔2015〕119号）	关于修订印发《高新技术企业认定管理工作指引》的通知（国科火〔2016〕195号）	主要差别
6	装备调试费用与试验费用	新药研制的临床试验费，勘探开发技术的现场试验费	装备调试费用是工装准备过程中研发活动所发生的费用，包括研制特殊、专用的生产机器，改变生产和质量控制程序，或制定新方法及标准所发生的费用；试验费用包括新药研制的临床试验费、勘探开发技术的现场试验费、田间试验费等	装备调试费用和田间试验费不能参与前者规定的研发费用加计扣除；而后者则是可以进行归集
7	其他费用	与研发活动直接相关的其他费用，如技术图书资料费、资料翻译费、专家咨询费、高新科技研发保险费，鉴定、论证、评议、评审、评估、验收费用，知识产权申请费、注册费、代理费，差旅费、会议费等。此项费用加计扣除费用总额不得超过10%	与研发活动直接相关的其他费用，包括技术图书资料费、资料翻译费、专家咨询费、高新科技研发保险费，研发成果的检索、分析、论证、鉴定、评审、评估、验收费用，知识产权申请费、注册费、代理费，会议费、差旅费、通信费等。此项费用一般不超过研发费用总额的20%，另有规定的除外	主要是比例不同。前者规定加计扣除研发其他费用占比不得超过加计扣除研发费用总额的10%，而后者规定其他费用占比不超过研发费用总额的20%

续表

序号	明细	关于完善研究开发费用税前加计扣除政策的通知（财税〔2015〕119号）	关于修订印发《高新技术企业认定管理工作指引》的通知（国科火〔2016〕195号）	主要差别
8	委托外部研发费用	企业委托外部机构或个人进行研发活动所发生的费用，按照费用实际发生额的80%计入委托方研发费用并计算加计扣除。委托方再进行加计扣除。委托外部研发费用实际发生额应按照独立交易原则确定。委托方与受托方存在关联关系的，受托方应向委托方提供研发项目费用支出明细情况。企业委托境外机构或个人进行研发活动所发生的费用，不得加计扣除	委托外部研发费用是指企业委托境内外其他机构或个人进行的研发活动所发生的费用（研发活动成果为企业拥有，且与该企业的主要经营业务紧密相关）。委托外部研发费用的实际发生额应按照独立交易原则确定，按照实际发生费用总额的80%计入委托方研发费用总额	前者规定企业委托境外机构或个人进行研发活动所发生的费用，不得加计扣除；而后者则可以进行归集，但要求在中国境内发生的研发费用总额占全部研发费用总额的比例不低于60%，而且只能按照实际发生额的80%计入委托方研发费用总额，也相对地限制了委托研发境外机构或个人进行研发活动所发生的费用金额

附表 4-2 研发部门工时考勤表

2016 年 × 月 × 日研发部门工时考勤表

部门	姓名	工作时间	各项目参与人员工资分配标准									总工时合计（小时）	研发工时合计（小时）	签名
			项目名称（RD01）	项目名称（RD02）	项目名称（RD03）	项目名称（RD04）	项目名称（RD05）	项目名称（RD06）	项目名称（RD07）	项目名称（RD08）			
研发部	张三	8:30—12:00 12:30—17:00	8:30—12:00	—	—	12:30—13:30	—	—	13:30—17:00	—	8.00	8.00	—
研发部	李四	8:30—12:00 12:30—17:00	—	8:30—11:00	11:00—12:00	12:30—14:30	14:30—17:00	—	—	—	8.00	8.00	—
研发部	王五	8:30—12:00 12:30—17:00	8:30—10:00	10:00—11:00	—	—	—	10:00—12:00	12:30—14:30	14:30—17:00	8.00	8.00	—
研发部	赵六	8:30—12:00 12:30—17:00	8:30—10:00	10:00—11:00	—	—	11:00—12:00	—	—	12:30—14:30	8.00	5.50	—
研发部	孙七	8:30—12:00 12:30—17:00	8:30—10:00	—	—	—	—	—	13:30—14:30	—	8.00	2.00	—
研发部	钱八	8:30—12:00 12:30—17:00	8:30—10:00	—	—	—	—	12:30—14:30	—	—	8.00	3.50	—
合计													

附表 4-3 研发人员工时汇总及工资分配表

2016 年 × 月研发人员工资分配标准（小时）

序号	姓名	当月工时总额（小时）	各项目参与人员工时								合计	分摊系数（研发工时/总工时）	应付工资金额（元）	分摊到研发费用的人员工资（元）
			项目名称（RD01）	项目名称（RD02）	项目名称（RD03）	项目名称（RD04）	项目名称（RD05）	项目名称（RD06）	项目名称（RD07）	项目名称（RD08）				
1	张三	160	100	—	—	30	—	—	30	—	160	100.00%	6000.00	6000.00
2	李四	160	—	80	30	20	30	—	—	—	160	100.00%	5000.00	5000.00
3	王五	160	50	—	—	—	—	50	30	30	160	100.00%	5000.00	5000.00
4	赵六	145	20	20	—	—	20	—	—	5	65	44.83%	4000.00	1793.10
5	孙七	145	—	—	45	—	—	—	50	—	95	65.52%	4000.00	2620.69
6	钱八	160	35	—	—	—	—	20	—	—	55	34.38%	4000.00	1375.00
7														
8														
9														
10														
11														
12														
13														
14														
15														
合计		930	205	100	75	50	50	70	110	35	695		28 000.00	21 788.79

附表4-4 研发折旧分摊明细表

2016年×月研发折旧分摊明细表

设备属性	研发固定资产	原值（元）	购入月份	数量	折旧年限	月折旧额（元）	研发占比	研发折旧额（元）	各项目分摊折旧明细						合计	备注
									项目名称（RD01）	项目名称（RD02）	项目名称（RD03）	项目名称（RD04）	项目名称（RD05）	项目名称（RD06）		
									205	100	75	50	50	70	550	
									各项目分摊折旧明细（元）						合计（元）	
机器设备	设备3	1 000 000.00	2015年6月	2	10	8333.33	20.00%	1666.67	621.21	303.03	227.27	151.52	151.52	212.12	1666.67	生产共用
机器设备	设备4	500 000.00	2015年7月	1	10	4166.67	7.69%	320.51	119.46	58.28	43.71	29.14	29.14	40.79	320.51	生产共用
机器设备	设备1	500 000.00	2015年12月	1	10	4166.67	100.00%	4166.67	1553.03	757.58	568.18	378.79	378.79	530.30	4166.67	研发专用
电子设备	设备2	100 000.00	2015年12月	1	5	1666.67	100.00%	1666.67	621.21	303.03	227.27	151.52	151.52	212.12	1666.67	研发专用
合计						18 333.33		7820.51	2914.92	1421.91	1066.43	710.96	710.96	995.34	7820.51	

附表 4-5 试制品仓库明细账

存货地址：××××××的研发

编号：页次：1 总页：1
货名：
规格：
类别：

最高存量：　　最低存量：

试制品仓库明细账

2016年		凭证号数	摘要	收入（借方）			支出（贷方）			结存		
月	日			数量	单价（元）	金额（元）	数量	单价（元）	金额（元）	数量	单价（元）	金额（元）
1	31		试制品入库	200 250						200 250		
			试制品出库				51 240			149 010		
			本月合计	200 250			51 240					
			累计	200 250			51 240					
2	28		试制品入库	205 000						354 010		
			试制品出库									
			本月合计	205 000								
			累计	405 250			51 240					
3	31		废料入库	199 250						553 260		
			试制品出库				404 250			149 010		
			本月合计	199 250			404 250					
			累计	604 500			455 490					
4	30		试制品入库	201 075						350 085		
			试制品出库				201 075			149 010		
			本月合计	201 075			201 075					
			累计	805 575			656 565					

第5章 认定申请书填报和撰写方法

高质量的高新技术企业认定申请书是高新技术企业认定获得通过的基础和关键。专家评审申请认定企业是否符合高新技术企业认定条件的主要依据就是认定申请书。本章主要通过案例形式阐述高质量高新技术企业认定申请书的撰写方法。

一、认定申请书的主要内容和撰写方法

高新技术企业认定申请书主要分主要情况表、知识产权汇总表、人力资源情况表、企业研究开发活动情况表、企业年度研究开发费用结构明细表、上年度高新技术产品（服务）情况表、企业创新能力和企业参与国家标准或行业标准制定情况汇总表8个部分。这8个部分中，企业研究开发活动情况表和上年度高新技术产品（服务）情况表是整个认定申请书的核心部分，应作为撰写重点。

高质量的高新技术企业认定申请书撰写，必须要体现3个要求：一是要反映企业整体实力，特别是企业的科技创新能力；二是要符合技术领域要求，企业的主要产品（服务）要符合《技术领域》的范畴；三是要体现前后逻辑关系，要体现企业研究开发项目RD、获得知识产权IP与高新技术产品PS三者之间的逻辑因果关系（图5-1），即企业通过研究开发项目RD的研究开发，获得了知识产权IP，并在高新技术产品PS上得到应用。

由于RD和PS是整个认定申请书撰写的关键，因此在撰写过程中，应首先撰写RD和PS。在RD和PS撰写完毕后，其他部分的撰写就显得比较容易了。

撰写认定申请书的过程中，可以参考图5-1来体现RD、IP和PS三者的逻辑因果关系，并撰写RD、IP和PS。根据图5-1，应该首先归纳凝

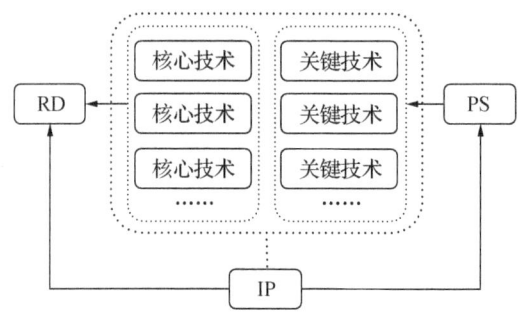

图 5-1　RD、IP 和 PS 的逻辑关系

练和撰写 PS，把 PS 里面涉及的关键技术和知识产权分别作为 RD 的核心技术和阶段性成果，再来归纳凝练 RD。

二、认定申请书各个部分的填报和撰写方法

下面按次序来阐述高新技术企业认定申请书各个部分的具体填报和撰写方法。

（一）主要情况表

主要情况表参考格式如表 5-1 所示，是体现申请认定企业总体情况的简要表格，需要填写企业主要产品（服务）的技术领域、获得知识产权数量、人力资源情况、近 3 年经营情况、近 3 年研发费用总额、近 1 年企业总收入和高新产品收入及处罚情况等。

表 5-1　企业主要情况表

技术领域	新能源与节能—可再生清洁能源—太阳能			
获得知识产权数量（件）	Ⅰ类	1	Ⅱ类	15
人力资源情况（人）	职工总数	230	科技人员数	40

续表

	年度种类	净资产	销售收入	利润总额
近3年经营情况（万元）	第1年	5600	17 600	610
	第2年	6800	24 300	1300
	第3年	9900	32 600	2900
近3年研究开发费用总额（万元）	2800	其中	在中国境内研发费用总额（万元）	2800
			基础研究投入费用总额（万元）	0
近1年企业总收入（万元）	32 650			
近1年高新技术产品（服务）收入（万元）	25 200			
申请认定前1年内是否发生过重大安全、重大质量事故或严重环境违法行为	□是　☑否			

各项内容填报说明如下。

1. 技术领域

根据高新技术企业认定工作网要求，来填写企业最主要产品（服务）的关键技术所对应符合《国家重点支持的技术领域》最细一级的子领域；如果企业有很多产品（服务），而且这些产品（服务）对应不同技术领域，则应填写销售规模最大的产品（服务）所对应符合的最细技术领域，当然该技术领域也应该与第一个高新技术产品（PS01）关键技术所对应的技术领域保持一致。所填的技术领域是高新技术企业认定机构选择技术领域对应的评审专家的主要依据。

2. 获得知识产权数量（件）

Ⅰ类填写发明专利（含国防专利）、植物新品种、国家级农作物品种、国家新药、国家一级中药保护品种、集成电路布图设计专有权等；

Ⅱ类填写实用新型专利、外观设计专利、软件著作权等（不含商标）。

3. 人力资源情况（人）

按上年度年底数填写职工总数和科技人员。

4. 近3年经营情况（万元）

净资产、销售收入和利润总额根据近3年的年度审计报告中利润表和资产负债表填写，销售收入即主营业务收入与其他业务收入之和，净资产即所有者权益，等于资产总额减去负债总额。

5. 近3年研究开发费用总额（万元）

按专项审计报告中研发费用填写，在中国境内研发费用总额（万元）和基础研究投入费用总额（万元）按专项审计报告填写，其中，"基础研究投入费用总额"是指为获得科学与技术（不包括社会科学、艺术或人文科学）新知识等基础研究活动支出的费用总额。没有从事基础研究的企业其费用为零，对委托外部研究机构开展的与技术开发相关的基础研究项目的费用，可以按委托实际金额的80%计入。

6. 近1年企业总收入（万元）

企业总收入等于收入总额减去不征税收入，按专项审计报告编制说明填写。

7. 近1年高新技术产品（服务）收入（万元）

按专项审计报告填写。

8. 申请认定前1年内是否发生过重大安全、重大质量事故或严重环境违法行为

按实际情况填写。

（二）知识产权汇总表

知识产权汇总表主要填写企业获得的知识产权类型、获得方式、授权时间等信息，参考格式如表5-2所示。

知识产权次序要按知识产权与产品核心技术关联程度的重要性和知识产权类别来填写，如可以把第一个高新技术产品（PS01）里面与主要竞争和第一项关键技术所对应的知识产权特别是发明专利，作为排序第一来进行填写。知识产权类别和获得方式按网络下拉菜单选择填写，类别选填Ⅰ类或Ⅱ类，获得方式选填自主研发或受让、受赠、并购等。

表 5-2 知识产权汇总表

获得知识产权数量（件）	发明专利	1	其中，国防专利	0
	植物新品种	0	国家级农作物品种	0
	国家新药	0	国家一级中药保护品种	0
	集成电路布图设计专有权	0	实用新型	15
	外观设计	0	软件著作权	0
知识产权编号	知识产权名称	类别	授权日期	授权号	获得方式
IP01	一种阻燃沙发面料制作工艺	Ⅰ类	2016-03-04	ZL2014012337.10	自主研发
IP02	抗紫外沙发面料	Ⅱ类	2016-02-05	ZL2015022771.20	自主研发

（三）人力资源情况表

人力资源情况表主要填写企业的职工总体情况、科技人员及人员结构等，应按上年度年底的职工情况填写，参考格式如表 5-3 所示。对与外部研究机构开展实质性科技合作的企业，可以把外部研究机构符合科技人员规定要求的研究人员作为公司的科技人员加进来填写。外部研究机构研究人员一般都是具有高学历和高职称的科技人员，把他们作为企业科技人员加进来，可以提升企业科技人员的学历和职称结构。

表 5-3 人力资源情况表

（一）总体情况		
	企业职工（人）	科技人员（人）
总数（人）	240	40
其中，在职人员	240	40
兼职人员	0	0
临时聘用人员	0	0
外籍人员	0	0

续表

	企业职工（人）	科技人员（人）
留学归国人员	0	0
千人计划人员	0	0
（二）全体人员结构		

学历	博士	硕士	本科	大专及以下
人数	0	2	35	203
职称	高级职称	中级职称	初级职称	高级技工
人数	2	10	5	15
年龄	30岁及以下	31~40岁	41~50岁	51岁及以上
人数	40	150	45	5

（四）企业研究开发活动情况表（近3年执行的活动，按单一活动填报）

1. 填写说明

研究开发活动情况（RD情况）是企业研究开发能力的主要体现，也是评判企业研究开发费用的主要依据。技术专家通过企业提供的RD情况表进行评审，通过评审的核定为研发项目，其所发生的费用核定为研究开发经费，未能通过评审的不能核定为研发项目，其发生的费用不能核定为研究开发经费，将从专项审计报告里面的研究经费中予以剔除。剔除后的研究开发费用占同期销售收入的比例若不能达到《认定办法》的规定要求，将不能被认定为高新技术企业。

撰写RD情况表的要点是要突出通过项目研究开发所解决的关键技术难题、取得的具有自主知识产权（IP）的核心技术及在后面的高新技术产品（PS）的应用情况，即要突出RD—IP—PS三者之间的逻辑关系。

RD情况表的撰写次序应该是先确定RD名称，再确定核心技术及创新点，最后再撰写阶段性成果和其他相关内容。对已经获得的IP，在确定核心技术及创新点时要体现已获IP的核心要点。下面阐述RD情况表各项内容的填写方法。

（1）研发活动名称

研发活动名称（RD 名称）的确定要突出对项目的整体反映，要突出项目的技术创新性，包括项目的主要创新点或关键技术途径。在确定 RD 项目数时要按照技术特点对申请认定企业的所有研发活动进行归纳总结，RD 数量不宜过多，单项 RD 研发费用不宜过少和过多，一般每项 RD 研发费用为十万元级或百万元级比较适合。

在确定 RD 项目次序时，可以把最能体现申请认定企业技术研发水平的项目作为 RD01 来写，当然 RD01 的核心技术及所对应的技术领域要与后面的 PS01 的关键技术及所对应的技术领域一致。

有些申请认定企业在确定 RD 时直接按照单项 RD 等同于科技成果转化项目进行归纳总结，根据《工作指引》，企业若想在科技成果转化能力打分评审获得高档位的评分，这样就会出现申请认定企业的 RD 项目数很多，甚至超过 15 项，对整体规模偏小的企业，甚至会出现单个 RD 的研发费用只有几千元或几万元的情况，这就会给研发费用归集带来很大困难，重要的是不能真实反映申请认定企业的实际研究开发情况。

以某家阀门企业为例，这家企业生产制造的阀门有闸阀、蝶阀、球阀等结构形式，主要用于煤化工、石油化工和冶金等流程工业领域，口径从 DN 25 mm ~ DN 2000 mm 不等，压力等级从常压到 40 MPa，适用温度从低温 −196 ℃ 到高温 400 ℃ 变化，适用介质主要带有一定浓度固体颗粒的气体介质，其主要技术特点是按照气固两相流动规律来设计耐磨阀门。在确定 RD 名称时若按具体使用特点来安排，如取名"煤化工用大口径高压耐磨气体球阀"，则还可以根据石油化工和冶金等其他应用领域、不同口径、不同压力等级和不同阀门结构形式，派生出很多类似的 RD，不但没能体现出技术特点，而且对与该 RD 相对应的研发费用归集也会产生麻烦。从技术特点来归纳总结 RD，如确定 RD 名称为"基于气固两相流动及磨损分析的智能化流程阀门关键技术研究与开发"，不仅充分体现了智能化的技术特点和基于气固两相流动及磨损分析的技术途径，还可以很好提炼项目的阶段性成果及其与核心自主 IP 和 PS 之间的关联。此外，与专项审计报告中研究开发费用结构明细表和研究开发活动说明材料的名称要一致。

（2）起止时间

在确定 RD 的起止时间时，要注意与获得 IP 时间和同名称 PS 形成销售时间的关联。对在已获得 IP 后仍有研发费用发生的，要阐述该 RD 是在已获 IP 基础上进行后续研发。对已经形成销售的同名称 PS，要阐述该 RD 与该 PS 之间的关联，如边研发边销售或对同名称 PS 进行继续改进性研发等。此外，要与专项审计报告编制说明和研究开发活动说明材料中的起止时间一致。

（3）技术领域

主要是根据下拉菜单进行选择，关键是要选择与下面所述核心技术及创新点的具体内容相对应的技术领域。所选择技术领域要与后面相关联的 PS 里面所对应的技术领域一致。

由于下拉式菜单只能到第 3 级，而实际上应该写到第 4 级，对于第 4 级领域可以在核心技术及创新点栏里体现。

（4）技术来源

主要是根据下拉菜单进行选择，要注意与后面立项目的及组织实施方式栏里面的组织实施方式一致。应填写自主开发、委托开发或共同开发。

（5）知识产权编号

应与知识产权汇总表的编号一致。

（6）研发经费总预算（万元）

应与科研项目可行性报告和预算书中的总费用一致。

（7）研发经费近 3 年总支出（万元）

按专项审计报告的近 3 年总研发费用填写，且分别按研究开发费用结构明细表填写；研发经费的具体金额需要与项目所解决的关键技术难题相对应，它们之间必须具有很好的匹配性。

（8）立项目的及组织实施方式

①立项目的。首先阐述项目的应用背景；再阐述项目在应用中存在的问题或不足，接着说明这些存在问题或不足是由哪些关键技术难题引起的，而这些关键技术难题还没有得到较好地解决（这些技术难题就是本项目需要解决的关键技术难题），关键技术难题以 3~4 项比较合适，过多显得凝练不够，过少显得缺乏凝练；然后阐述本项目将重点围绕解决这些关键技术难题开展研究，突破这些技术难题，从而解决项目在应用中存在的问题或不足，为本项目的应用提供技术支撑。

②组织实施方式。主要写自主研发或合作研究，要与前面的技术来源

相对应。若技术来源是自有技术，就写自主研发；若技术来源是产学研合作，就写合作研发。

(9) 核心技术及创新点

核心技术是指解决关键技术难题的技术途径或手段，也就是主要创新点，因此核心技术及创新点不宜分开写，否则就是重复。项目的关键技术难题已经在立项目的里面进行了说明。立项目的里面提到几个关键技术问题，项目的核心技术及创新点就对应写几条。

在具体撰写中，每一条核心技术及创新点先写一句话来概括，紧接着用一段话来具体说明这条核心技术及创新点的具体技术特点。要把最主要的核心技术及创新点作为第 1 条来写。

(10) 取得的阶段性成果

阶段性成果撰写主要要表达三层意思：一是通过项目研发掌握了哪些核心技术［与前面第 (9) 点对应］；二是哪些已经掌握的核心技术获得了自主 IP；三是已经掌握的核心技术、获得的知识产权 IP 与高新技术产品 PS 三者之间的紧密逻辑关系。通过项目研发掌握的每条核心技术可以单独作为一项科技成果转化项目体现在科技成果转化表里（见后面的科技成果转化表内容）。

需要注意的是，如果是根据已有专利和软件著作权等知识产权来倒推撰写归纳研发项目，则应该把该知识产权的技术要点对应的关键技术难题在立项目的里体现，同时也需要把该知识产权的技术要点体现在核心技术及创新点里。

2. 案例分析

针对上述撰写方法，给出如表 5-4 至表 5-11 所示的 8 个 RD 情况表参考案例，其中，对 RD01、RD02 和 RD03 进行了分析，RD04～RD08 不进行分析。3 个进行分析的案例是先进制造及自动化领域的阀门研发项目、高技术服务领域的服装研发项目和新材料领域的材料制备项目。

(1) 阀门研发项目分析

如表 5-4（RD01）所示的项目是一家流程阀门企业关于智能化耐磨气固两相阀门研发的项目。该项目从技术层面进行提炼和总结，由该公司与一家高校流体课题组进行合作研发，其技术来源为合作研发，技术领域选择"八、先进制造与自动化—(五) 新型机械—2. 通用机械装备制造技术—新型高性能流体混合、分离与输送机械制造技术"。由于技术领域下拉式菜单只能填到第3级,因此第4级的"新型高性能流体混合、分离与输送机械制造技术"就写在核心技术及创新点栏里。项目研发经费为3年投入360万元,这对机械类研发项目是比较合理的,也与在核心技术及创新点栏里所阐述的内容比较吻合。立项目的主要阐述是要重点解决启闭过程中阀门内部气固两相流动、磨损特性和如何实现信息化与气固两相流动相融合等关键技术难题。组织实施方式突出了由公司与高校合作开发,与前面的技术来源一致。核心技术及创新点写了3条,即基于两相瞬态分析的外特性预测技术、基于两相运动规律的磨损预估技术和基于实时监控的阀门运行故障诊断技术,与立项目的突出要重点解决的关键技术难题相对应。在阶段性成果栏里突出了通过项目研发,掌握气固两相流程阀门的外特性预测、磨损预估和阀门运行故障诊断等核心技术。在气固两相阀门外特性预测技术和实时监控软件方面分别获国家发明专利和软件著作权,相关核心技术已应用于本公司的高新技术产品里,很好地说明了RD—IP—PS三者之间的逻辑对应关系。综上所述,该研发项目情况表整体撰写质量比较好。

表5-4 研究开发项目情况表(RD01)

研发活动名称	基于气固两相流动及磨损分析的智能化流程阀门关键技术研究		起止时间	2013-01-01—2015-12-31	
技术领域	八、先进制造与自动化—(五)新型机械—2. 通用机械装备制造技术				
技术来源	合作研发		知识产权(编号)	IP01、IP02	
研发经费总预算(万元)	360	研发经费近3年总支出(万元)	350	其中	第1年 150
					第2年 120
					第3年 80
立项目的及组织实施方式(限400字)	阀门在用于含有固体颗粒的气体调控时,最容易在启闭瞬态过程出现磨损,导致阀门失效从而影响流程工业连续生产。目前,高端气固两相调控阀门设计仍然依赖传统经验设计方法或对国外产品的简单仿制,并没有从阀门内部气固两相流动和磨损机制等关键技				

续表

立项目的及 组织实施方式 （限400字）	术问题出发进行研发，也很少对阀门调控过程进行实时监控。启闭过程中，阀门内部气固两相流动及磨损特性、如何实现信息化技术与气固两相流动技术相融合，是智能化气固两相流程阀门亟须解决的关键技术问题。本项目重点对阀门内部气固两相流动、磨损特性、在线监测和先进控制等关键技术进行研究，建立比较完善的智能化流程阀门的设计方法，从而为智能化气固两相阀门的设计制造和应用提供技术支撑。 本项目由公司与浙江理工大学共同研究，浙江理工大学负责气固两相流动和磨损分析，公司负责实验样阀设计制造和外特性实验
核心技术及 创新点 （限400字）	属"八、先进制造与自动化—（五）新型机械—2. 通用机械装备制造技术—新型高性能流体混合、分离与输送机械制造技术"。 ①基于两相瞬态分析的外特性预测技术。通过对阀门瞬态启闭过程的气固两相流动的理论分析、数值模拟及试验研究，建立了启闭过程中阀门的性能参数（流量、压力和流量系数等）与其结构参数和流动参数之间的函数关系，提出了流程阀门外特性预测方法。 ②基于两相运动规律的磨损预估技术。根据阀门流道的磨损计算及磨损实验，统计分析不同启闭规律下阀门内部流道的磨损分布及磨损程度，建立启闭过程中内部流道磨损与阀门结构参数及流动参数之间的映射关系，提出了阀门气固两相的内部磨损预估方法。 ③基于实时监控的阀门运行故障诊断技术。通过两相流动数值计算和实验研究，建立阀门性能数据库，同时对流量和压力等性能参数进行测量，构建阀门运行数据库。通过对现场监测到的流量和压力等参数进行分析，判断阀门运行状态是否正常，并对今后运行可能出现的问题进行预判
取得的 阶段性成果 （限400字）	①通过本项目开发，已掌握了智能流程阀门基于两相瞬态分析的外特性预测技术、基于两相运动规律的磨损预估技术和基于实时监控的阀门运行故障诊断技术等核心技术。 ②气固两相阀门外特性预测技术已获国家发明专利 IP01（气固两相流程阀门外特性预估方法，ZL201010578777.8），实时监控软件已获软件著作权 IP02（2015SR065870）。 ③这些核心技术已经应用于本公司的高新技术产品 PS01 气固耐磨阀门

（2）服装研发项目分析

如表 5-5 所示的研究开发项目 RD02 为一家服装制造公司凝练的一个服装设计方面的研发项目，在该公司所有凝练研发项目中排序第一。按该 RD 表分析，其存在的问题主要有：

①研发活动名称。该项目的名称为系列服装设计及技术研发，但从整个 RD 所阐述的内容特别是核心技术及创新点来看，没有体现出项目研发方面的核心技术内容。该项目名称与所阐述内容不一致。

②起止时间。该项目起止时间为 1 年，而项目实际研发投入为 2430 万元。1 年里研发投入这么多经费，而项目未能体现出技术研发层面的内容，因此，项目起止时间与经费投入之间不相匹配。

③技术领域。该项目所选择的技术领域为"五、高技术服务—（八）文化创意产业支撑技术—1. 创作、设计与制作技术"，该领域为第 3 级目录，整个 RD 表里没有体现第 4 级技术领域。从核心技术及创新点栏里看不出核心技术与该技术领域的关联。

④知识产权。知识产权栏里写了 IP01、IP02 和 IP03，但后面的阶段性成果没有体现出来，前后不一致。

⑤研发经费。该项目研发经费预算为 2460 万元，实际投入为 2430 万元。针对一家服装企业，如果没有技术层面的研发，仅仅是服装设计方面的内容，其所投入的经费仅仅是服装设计费，不能称为研究开发经费。即使有技术层面的研发内容，但经费还是过大，一般机械装备类的研发项目为几十万到几百万元的数量级，该项目投入研发经费为 2430 万元，显然不合理。

⑥立项目的及组织实施方式。在立项目的里，根本没有提及本项目所要解决的关键技术难题，这样的立项目的，写与不写都差不多。组织实施方式写投入人员和经费情况，显得过于啰唆、不精练。

⑦核心技术及创新点。在核心技术里写了时空穿越主题在服装款式的体现、服装款式数据库模型和服装基版模型 3 点内容，在创新点里写了理念创新、色彩创新、原材料创新和品类创新 4 点内容，所写的这些内容反映的是服装款式设计，而与服装款式设计技术层面相关的核心技术没有得到体现，而且把核心技术及创新点分开写，两者之间内容有重叠。

⑧取得的阶段性成果。阶段性成果写的是该项目的进度安排，没有体

现通过该项目研发所掌握的核心技术、所取得的知识产权,以及这些核心技术在高新技术产品的应用情况,未能体现出 RD—IP—PS 之间的逻辑关系。

根据以上的分析,该研发项目凝练和撰写质量较差,不能确认为研发项目。

表 5-5　研究开发项目情况表（RD02）

研发活动名称	以"混合文化"为主题的 SSS 系列服装设计及技术研发		起止时间	2013-01-01—2013-12-31	
技术领域	五、高技术服务—（八）文化创意产业支撑技术—1. 创作、设计与制作技术				
技术来源	自主研发		知识产权（编号）	IP01、IP02、IP03	
研发经费总预算（万元）	2460	研发经费近3年总支出（万元）	2430	其中	第1年 2430
					第2年 —
					第3年 —
立项目的及组织实施方式（限400字）	立项目的：2012年9月,在怀旧风的推动下,项目组将视线追溯至17世纪中期巴洛克风格主导的时代,以此为灵感,将20××年TBF秋冬服装的主题定义为"混合文化"进行设计研发,以此提升市场占有率。 组织实施方式：在项目任务书下达后,公司成立了以首席设计师为核心,与韩国设计公司人员共同组成的项目部,下设3个项目组,组织研发人员71人,以合作研发方式开发实施,预计投入资金人民币2460万元				
核心技术及创新点（限400字）	核心技术： ①以时空穿越为主题,将历史的变化多端、丰富绚丽的元素在服装款式上体现； ②通过自主开发的 PLM 集成插件,加上软件本身拥有丰富款式的数据库模型,提高了设计研发的效率； ③借鉴××××品牌的基版模型,通过对消费者群体体型特征的分析研究,开发出相应的基板模型,能够快速实现设计与板型的一致性。				

续表

核心技术 及创新点 （限400字）	创新点： ①理念创新，将设计来源追溯至17世纪中期，体现复古风； ②色彩创新，在TBF品牌基本色粉红、玫红色的基础上，融入巴洛克风格的色彩（酒红、蓝紫色），掀起秋冬服装夸张的戏剧艺术风格； ③原材料创新，在传统毛呢料中加入花式纱线，利用组织纹路的变化开发新面料； ④品类创新，开发毛呢与针织面料相结合的"party"系列正装，提升舒适华丽感
取得的 阶段性成果 （限400字）	①2012年9—12月：项目部进行国内外市场调研，分析流行色、流行款和流行面料； ②2013年1—2月：以TBF品牌消费群体为调研对象，开展各类型品评会、座谈会，通过定性和定量研究，确定20××年秋冬服装设计研发主题； ③2013年3—4月：根据设计主题，制定设计研发企划方案； ④2013年5—12月：运用CAD软件出图稿—定板型—出样衣—修改—确定大货生产样衣； ⑤该系列共设计研发579个SKC，涉及25个大类、80个小类； ⑥所有设计研发款式在"TBF2014年秋冬订货会"进行展示发布； ⑦该系列设计研发产品受《咱家那些事》《美丽的谎言》等剧组的邀请提供演员服装赞助，受到一线影视明星和消费者的好评，浙江卫视《爱情连连看》服装赞助提升了品牌及产品知名度

（3）材料制备项目分析

如表5-6所示的研究开发项目RD03为一家从事无缝内衣企业开展保暖塑身型无缝内衣研发的项目。该项目从技术层面进行提炼和总结。该项目由公司自主开发，技术领域选择"四、新材料—（三）高分子材料—4.新型纤维及复合材料制备技术—具有特殊性能或功能化的纤维制品及复合材料制备技术"。项目研发经费为3年投入200万元，这对无缝内衣研发项目是比较合理的，也与在核心技术及创新点栏里所述内容比较吻合。立项目的主要阐述了重点突破无缝编织技术、一体化设计和如何实现保暖塑身效果等关键技术,组织实施方式突出了自主开发,与前面的技术来源一致。核心技术及创新点阐述了保暖无缝编织技术、功能性塑身一体化设计技术和保暖组织结构设计技术等 3 项核心技术,与立项目的里要突破的关键技术相一致。在阶段性成果栏里突出了通过项目研发掌握相关核心技术,并在组织结构技术获得实用新型专利 1 件和相关的科技成果,项目的相关核心技术已应用于本公司的高新技术产品,很好地说明 RD—IP—PS 三者之间的逻辑对应关系。综上所述,该研发项目情况表整体撰写质量比较好。

表 5-6　研究开发项目情况表 (RD03)

研发活动名称	塑身型无缝内衣高效保暖关键技术研究及开发		起止时间	2013-01-01—2013-12-31	
技术领域	四、新材料—(三) 高分子材料— 4. 新型纤维及复合材料制备技术				
技术来源	自主研发		知识产权(编号)	IP01	
研发经费总预算(万元)	240	研发经费近 3 年总支出(万元)	200	其中	第 1 年　200
					第 2 年　—
					第 3 年　—
立项目的及组织实施方式(限 400 字)	传统的无缝内衣系列主要以普通的锦纶、氨纶为基材,采用无缝编织工艺制成,但塑身和保暖功能较差。以铜氨纤维形成的发热纱线是一种具有良好保暖效果的新型纤维,适合于无缝内衣系列。其制作过程采用发热纤维和先进的编织工艺相结合,通过一体化设计和全自动一次成型技术才能达到塑身和保暖效果。本项目以可再生铜氨纤维的发热纱线为基材,开展塑身保暖无缝内衣工艺技术研究,重点解决无缝编织技术、一体化设计技术和组织结构设计等关键技术难题,建立基于 Overlapping 编程软件的功能性塑身一体化设计和保暖复合结构设计方法,从而为塑身保暖无缝内衣的设计制作提供技术支撑。 本项目系公司独立研发项目,成立专项研发小组,制定研发方案				

续表

核心技术及 创新点 （限400字）	属"四、新材料—（三）高分子材料—4.新型纤维及复合材料制备技术—具有特殊性能或功能化的纤维制品及复合材料制备技术"。 ①高效保暖无缝编织技术。以可再生铜氨纤维的发热纱线为基材，运用圣东尼无缝内衣专用机，同时采用自主开发的无缝内衣编织技术，提高了其保暖率。 ②功能性塑身一体化设计技术。采用人体工程美学设计，利用编程软件Overlapping，结合先进的高速电脑提花技术，严格控制产品任意部位组织的稀密和收缩程度，使其具有明显的塑身托胸效果。 ③保暖型组织结构设计技术。采用弹性纤维和保暖两层组织结构设计，同时利用一次编织成型技术，既提高了产品的保暖率，又提升其收缩可塑性（专利技术）
取得的 阶段性成果 （限400字）	①通过本项目开发，已掌握保暖无缝编织技术、功能性塑身一体化设计技术和保暖组织结构设计技术等核心技术。 ②保暖组织结构技术已获得实用新型专利IP01（保暖型无缝内衣，ZL201620110761.X）。 ③通过项目研究掌握的保暖无缝编织技术、功能性塑身一体化设计技术和保暖组织结构设计技术已在公司PS01得到应用，为PS01成为公司主打产品发挥了核心支持作用

表5-7 研究开发项目情况表（RD04）

研发活动名称	皮革无铬鞣制及废水清洁处理关键技术研究		起止时间	2013-01-01— 2015-12-31	
技术领域	七、资源与环境—（七）清洁生产技术—1.重污染行业生产过程中节水、减排及资源化关键技术				
技术来源	自主研发		知识产权 （编号）	IP01、IP02	
研发经费 总预算 （万元）	300	研发经费 近3年总支出 （万元）	280	其中	第1年 100
					第2年 110
					第3年 70

续表

立项目的及 组织实施方式 （限400字）	铬金属可使皮革表面富有光泽度，但其对人体健康危害较大，会导致各种炎症和肠道肿瘤，因此必须要限制铬金属的含量。传统制革方法常采用复灰工艺（老、中、新灰使用3次），废水处理氧化沟侧重于去碳，氨氮的硝化反硝化设计负荷偏高，脱氮效果难以达到环保要求，存在严重污染和伤害人体的问题。如何限制铬含量和去除污水中的氨氮是制革过程中实现清洁生产要解决的关键技术问题。本项目重点突破复灰液循环利用、无铬鞣制生产和污水去氨氮处理等关键技术，建立一套比较完善的皮革无铬鞣制工艺和去除污水氨氮方法，从而为无铬山羊手套革的生产提供技术支撑。 本项目由公司自主研发
核心技术及 创新点 （限400字）	属"七、资源与环境—（七）清洁生产技术—1.重污染行业生产过程中节水、减排及资源化关键技术—重污染行业的清洁生产新技术、新工艺"。 ①复灰液循环利用技术。通过增加皮重0.3%~0.5%的30%氢氧化钠溶液处理，以硫酸铝为无机絮凝剂，经沉淀过滤作为循环液用于膨胀工序，消除废水污染，节省硫化钠及石灰粉。 ②无铬鞣制生产技术。添加1.5%~2.5%的硫酸四羟甲基膦和1.5%~2.5%的合成单宁，以阶段加料、转鼓的方式，增强鞣制效果，减少重金属铬的含量（专利技术）。 ③制革污水去氨氮处理技术。通过曝气管和横向曝气管通过交叉点相连通，缩短硝化反硝化反应时间，且采用活性污泥法进行全过程去除氨氮含量，节省氧供应量25%，降低能耗，污泥生成量减少50%（专利技术）
取得的 阶段性成果 （限400字）	①通过本项目开发，已掌握了符合清洁生产的复灰液循环利用技术、无铬鞣制生产技术和污水去氨氮处理技术等核心技术。 ②无铬鞣制生产技术已获得国家发明专利IP01（一种山羊手套革的无铬鞣制生产工艺，ZL201010578777.1），制革污水去氨氮处理技术已获实用新型专利IP02（用于皮革工业污水去氨氮的短程硝化反硝化反应池，ZL201010578777.1）。 ③这些核心技术已经应用于本公司的高新技术产品PS01环保无铬山羊手套革

表5-8 研究开发项目情况表（RD05）

研发活动名称	高效太阳能电池片高阻密栅关键技术研究及开发		起止时间	2013-01—2015-12	
技术领域	六、新能源与节能—（一）可再生清洁能源—1.太阳能				
技术来源	自主研发		知识产权（编号）	IP01	
研发经费总预算（万元）	340	研发经费近3年总支出（万元）	320	其中	第1年 120
					第2年 100
					第3年 100
立项目的及组织实施方式（限400字）	高阻密栅工艺是太阳能电池片提高光电转化效率的关键工艺，传统的做法中因扩散炉进气、印刷图形设计方法和发射结方阻设计等技术难题无法解决，导致电池片缺陷而影响光电转化效率。目前，高阻密栅高效电池片的设计方法和工艺仍然依赖传统经验设计方法或对国外产品的简单仿制，并没有对扩散炉进气的技术改造和印刷图形优化设计技术等关键技术问题进行研发，也很少对发射结方阻进行优化设计。本项目通过重点突破方阻新型扩散技术、印刷图形设计技术和发射结方阻优化设计技术等关键技术，建立比较完善的高阻密栅工艺方法，从而为高转化效率的太阳能电池片的设计制造和应用提供技术支撑。 本项目由公司自主研发				
核心技术及创新点（限400字）	属"六、新能源与节能—（一）可再生清洁能源—1.太阳能—太阳能热利用技术"。 ①方阻新型扩散技术。采用自主研发的"新型扩散炉的进气装置"，通过在炉体内排气管上设有排气孔，有效降低了扩散炉内炉口与炉尾的方块电阻差异，改善了扩散方阻的均匀性，提高了太阳能电池的转化效率。 ②正面网版印刷图形优化设计技术。将正极图形栅线宽度由常规40～45 μm下降至35 μm，同时为了降低由于栅线变细导致的电池串联阻抗增加，将正极图形栅线根数由80根增加至90～100根，提高太阳能电池的光电转换效率6.8%以上。				

续表

核心技术及创新点（限400字）	③电池片发射结方阻优化设计技术。采用副栅线根数增加后的试验网版，通过优化扩散工艺，在提升了方阻的同时改善了片内均匀性（8%~10%→4%~6%），方阻由常规75~80Ω／□提升至90~95Ω／□以上，电池片整体转换效率累计提高15%
取得的阶段性成果（限400字）	①目前已经掌握了高效率太阳能电池片的新型扩散技术、正面网版印刷图形优化设计技术和电池片发射结方阻设计技术等核心技术。 ②方阻新型扩散技术已获实用新型专利IP01（一种新型扩散炉，ZL201420418703.1）。 ③这些核心技术已经应用于本公司的高新技术产品PS01高转化效率太阳能电池片

表5-9　研究开发项目情况表（RD06）

研发活动名称	光纤可视故障探测关键技术研究及开发		起止时间		2013-01—2015-12
技术领域	一、电子信息—（四）通信技术—4.移动通信系统技术				
技术来源	自主研发		知识产权（编号）	IP01	
研发经费总预算（万元）	200	研发经费近3年总支出（万元）	180	其中	第1年 80
					第2年 50
					第3年 50
立项目的及组织实施方式（限400字）	通信网络因光缆线路规模的扩大，其安全性能必须通过精确检测手段探测。由于光缆故障环境状态复杂且影响故障定位精度因素较多，导致探测仪经常无法实现精确判断故障定位。目前，光纤可视故障探测仪的相关技术仍依赖传统经验方法或对国外产品的简单仿制，并没有从光源定位、多功率输出和调试工作模式等关键技术进行研发。本项目重点解决半导体激光光源定位技术、多功率输出探测技术和调试工作模式转化技术等关键技术难题，并开发出一套故障定位精度高的光纤可视故障探测仪。 本项目由公司自主研发				

续表

核心技术及创新点（限400字）	属"一、电子信息—（四）通信技术—4.移动通信系统技术—其他基于移动通信网络的行业应用的配套技术等"。 ①半导体激光光源定位技术。采用半导体激光光源作为发射器件代替传统的 LED 光源，提高光源能量，发散性小、耦合效率高，同时结合恒流控制系统，避免半导体激光器被各种电脉冲击穿。根据瑞利散射原理，选用 650 nm 激光作为探测光线，保证在可见光范围内激光能量转换效率最高（软件著作权）。 ②多功率输出探测技术。通过 1~30 mW 的多功率输出选择，对应不同距离选择输出功率，可快速定位 30 km 内宏弯、断点或裸光纤的故障点，也可用于识别在配线架的连接器和拼接操作过程中的纤维，故障探测功能稳定、精准。 ③直流和调式工作模式转换技术。支持直流恒定光输出和调制 2 Hz 闪烁输出工作模式转换，方便故障定位，并且电池寿命 1 mW 功率最多能输出可达 50 h 的脉冲
取得的阶段性成果（限400字）	①目前已经掌握了光纤可视故障探测仪半导体激光光源定位技术、多功率输出探测技术及直流和调式工作模式转换技术等核心技术。 ②半导体激光光源定位技术已获软件著作权 IP01（2015SR065870）。 ③这些核心技术已经应用于本公司的高新技术产品 PS01 高精度光纤可视故障探测仪

表5-10 研究开发项目情况表（RD07）

研发活动名称	新型多维专用饲料级烟酰胺高流动性关键技术研究及开发		起止时间	2013-01—2015-12	
技术领域	二、生物与新医药—（六）轻工和化工生物技术—2.微生物发酵技术				
技术来源	自主研发		知识产权（编号）	IP01、IP02	
研发经费总预算（万元）	250	研发经费近3年总支出（万元）	200	其中	第1年 80
					第2年 70
					第3年 50

续表

立项目的及组织实施方式（限400字）	普通多维烟酰胺的存留量显著低于颗粒饲料专用多维，故烟酰胺作为多维专用饲料级添加剂具有极大的市场需求量。饲料在膨化制粒后，会大大降低烟酰胺的生物效价，故如何最大限度地提高烟酰胺在饲料加工过程中的流动性是亟待解决的问题。烟酰胺粒径均匀性和纯度是影响流动性的关键因素，目前国内研究很少涉及。本项目从影响烟酰胺流动性的影响因素进行研究，重点解决提高烟酰胺粒径均匀性和纯度控制等关键技术难题，通过诺卡氏菌种培养，采用生物催化方法及造粒塔、干燥收集设备改进等，提高烟酰胺作为多维专用饲料添加剂的流动性。 本项目由公司自主研发
核心技术及创新点（限400字）	属"二、生物与新医药—（六）轻工和化工生物技术—2. 微生物发酵技术—新功能微生物选育与发酵过程的优化控制技术"。 　　①高产率、高纯度烟酰胺制备技术。采用自主改进催化水合专用反应釜，通过腈水合酶水溶液生物催化条件，转化率可提高至99%以上，采用纳滤设备和芯膜，拦截分子量500以上的杂质，在较短时间内可以高效除杂或除有色物质，提高烟酰胺纯度。 　　②颗粒均匀性流化技术。通过更新床层表面颗粒，使雾化液滴均匀地涂敷在烟酰胺颗粒表面，实现颗粒均匀长大，提高了颗粒作为添加剂的流动性。 　　③压力喷雾造粒烟酰胺粒径控制技术。控制压力在 0.5 M ~ 10 MPa，使颗粒保持控制所需大小，控制进风管内空气流速小于烟酰胺产品最小粒度颗粒的带出速度，使粒径大于 0.8 mm 的烟酰胺颗粒返回融化釜，粒径小于 0.2 mm 的颗粒返回喷雾造粒塔流化床重新造粒，对粒径为 0.2 ~ 0.8 mm 的烟酰胺颗粒进行包装，有效地实现了大小颗粒烟酰胺的自动分级
取得的阶段性成果（限400字）	①目前已经掌握了饲料级高产率、高纯度烟酰胺制备技术、颗粒均匀性流化技术、压力喷雾造粒烟酰胺粒径控制技术等核心技术。 　　②高纯度烟酰胺制备技术已获实用新型专利 IP01（一种催化水合专用反应釜，ZL201520439030.2），压力喷雾造粒烟酰胺粒径控制技术已获实用新型专利 IP02（一种喷雾造粒塔，ZL201520439864.3）。 　　③这些核心技术已经应用于本公司的高新技术产品 PS01 高流动性饲料级烟酰胺

表 5-11 研究开发项目情况表（RD08）

研发活动名称	基于锁相环的无人机远程遥控关键技术研究及开发		起止时间	2013-01—2015-12	
技术领域	三、航空航天—（一）航空技术—3.飞行器系统技术				
技术来源	自主研发		知识产权（编号）	IP01	
研发经费总预算（万元）	500	研发经费近3年总支出（万元）	450	其中	第1年 200 第2年 150 第3年 100
立项目的及组织实施方式（限400字）	无人机的远程控制通过遥控、遥测技术来实现，而遥控指令的定时发送和遥测数据的实时处理是直接影响无人机飞行状态和任务执行情况的关键制约因素。目前，无人机远程遥控设计技术仍然依赖传统经验设计方法或对国外产品的简单仿制，并没有从时钟位同步数字锁相环设计等关键技术问题出发进行研发，也很少对遥控器链路合并进行设计。如何实现时钟位同步和遥控器链路合并，是无人机远程遥控亟须解决的关键技术问题。本项目通过重点突破对位同步时钟数字锁相技术、帧同步电路设计及校验技术、遥控器链路合并设计技术等关键技术，建立比较完善的基于锁相环的无人机远程遥控设计方法，为无人机的设计制造和应用提供技术支撑。 本项目由公司自主研发				
核心技术及创新点（限400字）	属"三、航空航天—（一）航空技术—3.飞行器系统技术—无人机的遥控技术等"。 ①位同步时钟数字锁相设计技术。采用数字锁相法来实现位同步，不占用导频功率，直接从非归零二进制序列中提取同步信息，以及正相积分输出直接送译码器，有效提高信道编码增益。 ②帧同步电路设计及 CRC 校验技术。利用集中插入法，同步建立时间比较短、易于实现，提高整个数据的调解质量，采用串行 CRC 校验对传输数据进行校验，以验证传输数据的正确性，有效提高数据传输质量。 ③遥控器链路合并设计技术。精确设计遥控链路合并的发送板和接收板，测量遥控器输出的 PCM1024 波形，接收端分通道的脉宽信号波形，编写发送端和接收端的 FPGA 程序，实现无人机的精准控制				

续表

取得的 阶段性成果 （限 400 字）	①目前已经掌握了无人机远程遥控位同步时钟数字锁相设计技术、帧同步电路设计及 CRC 校验技术、遥控器链路合并设计技术等核心技术。 ②同步时钟数字锁相设计技术已获国家发明专利 IP01（位同步时钟提取的数字锁相环设计方法，ZL201210578777.8）。 ③这些核心技术已经应用于本公司的高新技术产品 PS01 无人机。

（五）企业年度研究开发费用结构明细表

企业年度研究开发费用结构明细表应严格按照专项审计报告填写，按近 3 年每年分别填报，填写时保留 2 位小数，如表 5-12 所示。

表 5-12 企业年度研究开发费用结构明细表

2015 年度　　　　　　　　　　　　　　　　　　　　　　单位：万元

累计发生额＼研发项目编号＼科目	RD01	RD02	RD03	…	合计
内部研究开发费用	120.32	125.65	178.79		424.76
其中，人员人工费用	20.32	27.65	78.79		126.76
直接投入费用	80.00	70.00	60.00		210.00
折旧费用与长期待摊费用	10.00	20.00	10.00		40.00
无形资产摊销费用	0	0	0		0
设计费用	0	0	20.00		20.00
装备调试费用与试验费用	0	0	0		0
其他费用	10.00	8.00	10.00		28.00
委托外部研究开发费用	0	0	0		0
其中，境内的外部研发费用	0	0	0		0
研究开发费用（内、外部）小计	120.32	125.65	178.79		424.76

企业填报人签字：×××　　　　　　　　　　　　　　日期：2016-03-06

（六）上年度高新技术产品（服务）情况表

1. 填写说明

高新技术产品情况（PS 情况）是企业科技创新能力研究的主要体现，也是评判企业是否可以认定为高新技术企业的主要依据。技术专家通过申请认定企业提供的 PS 情况表进行评审，通过评审的核定为高新技术产品，其上年度实现的销售收入就核定为上年度高新技术产品销售收入，未能通过评审的不能核定为高新技术产品，其上年度实现的销售收入不能核定为上年度高新技术产品销售收入，将从审计报告里面的上年度高新技术产品销售收入中予以剔除。剔除后的上年度高新技术产品销售与同期销售收入的比例若不能达到《管理办法》规定的要求，将不能被认定为高新技术企业。

撰写 PS 情况表的要点是要突出产品的核心竞争优势，根据核心竞争优势列出主要技术指标，再列出对核心竞争和主要技术指标发挥关键核心作用的关键技术。若是这些关键技术符合《技术领域》最细一级目录的范围，则该产品可以评审核定为高新技术产品。

合理的 PS 情况表撰写次序应该是先确定 PS 名称，明确该 PS 的最关键及最主要的竞争优势，列出支撑竞争优势的主要技术指标，再列出体现竞争优势和支撑主要技术指标的关键技术，最后撰写知识产权获得情况及其对产品（服务）在技术上发挥的支持作用及其他相关内容。对已经获得的知识产权（IP），在确定关键技术时要体现已获 IP 的核心要点。

某企业的一款产品是玻璃茶杯，所确定的高新技术产品名称为高强度玻璃茶杯，其最主要及最核心的竞争优势是强度高，玻璃茶杯掉落到硬地上不会摔破，其起核心支撑作用的是高强度玻璃制备技术，对照《技术领域》，符合技术领域"新材料—无机非金属材料—功能玻璃制备技术—新型高强度玻璃制备技术"的范畴。若该玻璃茶杯的核心竞争优势是隔热效果好，在倒入开水时用手端茶杯不会感到烫手，对该核心竞争优势起关键作用的是采用特种玻璃配方和玻璃中具有微孔多孔技术，对照《技术领域》，符合技术领域"新材料—无机非金属材料—节能与新能源材料制备技术—耐高温、抗腐蚀微孔多孔隔热材料制备技术"的范畴。

某企业是某个高校流体课题组组件的小型高科技公司，在多年对离心泵的研究基础上开发了用于流程离心泵现场运行状态监测和预估的监控系统，产品名称定为流程离心泵监控系统。其核心竞争优势就是可以对流程离心泵进行在线状态监测和预估，为离心泵安全可靠运行提供判断依据和技术支撑。其关键技术除了流体动力学和转子动力学设计计算支撑外，还采用多传感采集、嵌入式和信息处理等融合技术，对照《技术领域》，符合技术领域"先进制造与自动化—工业生产过程控制系统—嵌入式系统技术—用于流程工业的高性能测控系统、智能型执行器、智能仪表技术"的范畴。

某服装企业的一个新款产品是个性化定制高端服装，该高端服装的核心竞争优势为：一是与着装人非常匹配；二是能够衬托出着装人的优雅气质；三是能够突出着装人与场合的协调。对这些核心竞争优势起核心支撑作用的关键技术主要有：一是采用人体三维模型重构技术，即通过对着装人进行数据采集，建立着装人的三维人体模型；二是充气试衣机器人设计技术，即根据三维人体模型，利用多个气囊重构基于着装人三维人体模型的试衣机器人；三是服装设计制作技术，即根据季节和年龄等特点，设计和制作与试衣机器人相匹配的服装。根据这些关键技术，对照《技术领域》，符合技术领域"高技术服务—文化创意产业支撑技术—创作、设计与制作技术—支撑体现交互式、虚拟化、数字化、网络化特征的文艺创作、文化创意设计和产品制作技术"的范畴。

下面阐述 PS 情况表各项内容的填写方法。

（1）高新技术产品（服务）名称

高新技术产品（服务）（PS 名称）是企业的关键，是决定申请认定企业能否通过评审被认定为高新技术企业的主要因素，也是专家评审时最关注的因素。在归纳确定 PS 数量和名称时，要根据产品（服务）的具体技术特点进行归类和总结，当然也要如前面已经阐述的研发项目（RD）一样，要有对应逻辑关系。PS 数量不宜过多。应该按竞争优势和技术性能进行归类来合理确定数量，同时把上年度销售收入最多又能体现申请认定企业关键技术重要性和水平的 PS 作为 PS01。

同样先以某家阀门企业为例。这家企业生产制造的阀门有闸阀、蝶阀、球阀等结构形式，主要用于煤化工、石油化工和冶金等流程工业领域，口径从 DN 25 mm ~ DN 2000 mm 不等，压力等级从常压到 63 MPa，

适用温度从低温 -196 ℃ 到高温 400 ℃ 变化，适用介质可以含有一定浓度固体颗粒的气体介质，其主要技术特点是按照气固两相流动规律来设计耐磨阀门。在确定 PS 名称时，若按非常具体的特点来归纳，如取名"煤化工用大口径高压耐磨气体球阀"，则还可以根据石油化工和冶金等其他应用领域、不同口径、不同压力等级和不同阀门结构形式，派生出很多类似的 PS，反而不能体现出技术特点。后来，该公司就以单相和两相进行归类，确定 2 个 PS，即流程阀门（单相）和耐磨气固两相流程阀门（两相）。第 2 个 PS 也与上面阐述的 RD 名称"基于气固两相流动及磨损分析的智能化流程阀门关键技术研究与开发"是对应的，也充分体现了智能化的技术特点和基于气固两相流动及磨损分析的技术途径。

再以某女装企业为例。这家企业生产制造女装，主要是为 18~25 岁的青春美少女、25~35 岁活力少妇和 35~50 岁的成熟妇女 3 个年龄段的女性设计制作高端服装。服装款式有古典、中西方结合和现代等款式，也有适应春秋、夏季和冬季的季节性款式，也有休闲、运动和正式场合的服装等。在确定 PS 名称时，若按非常具体的特点来归纳，如取名"青春美少女夏季休闲服饰"，则还可以根据其他年龄段、季节和场合等特点，衍生出很多类似的 PS，反而不能体现出技术特点。后来，该公司就以年龄段进行归类，确定 3 个 PS，即青春美少女、活力少妇和成熟妇女等 3 个系列的高端服饰。

（2）技术领域

主要是根据下拉菜单进行选择，关键是要选择与下面所述关键技术及核心技术的具体阐述相对应的技术领域。所选择技术领域要与前面相关联的 RD 里面所对应的技术领域要一致。

由于下拉菜单只能到第 3 级，而实际上应该写到第 4 级，对于第 4 级领域可以在关键技术及主要技术指标栏里体现。

（3）技术来源

主要根据下拉菜单进行选择，要注意与前面 RD 里面的技术来源相一致。

（4）上年度销售收入

上年度销售收入要根据专项审计报告进行填写。

（5）是否主要产品

原则上应该填"是"。所有填"是"的上年度高新技术产品销售收入要占所有上年度高新技术产品销售收入的50%以上,而且上年度高新技术产品销售收入要占上年度企业总收入的60%以上。

(6) 知识产权编号

主要填写该产品涉及关键技术所获得的知识产权编号(PS编号),知识产权编号次序应按照对该产品的核心竞争优势起支撑作用的贡献程度大小进行安排。可以把PS01里面的Ⅰ类知识产权作为第1项知识产权。

(7) 关键技术及主要技术指标

解决了本产品的关键技术难题、提升了产品的主要技术指标和获得了与同类产品相比竞争优势的技术和手段就是本产品的关键技术。在具体撰写时,每一条关键技术先写一句话来概括,紧接着用一段话来具体说明这条关键技术的具体内容。要把对核心竞争优势起最大支撑作用的关键技术作为第1条来写。对已获知识产权并在该产品得到应用的相关技术,也要体现在关键技术里。

主要技术指标重点要列出能体现核心竞争优势并与关键技术相对应的技术指标,同时应有相关证明材料。

(8) 与同类产品(服务)的竞争优势

主要写该产品(服务)在性能和技术指标上的优势。与前面的关键技术是因果关系,关键技术是因、是过程,而竞争优势是果、是最终结果。在具体撰写中,每一条竞争优势先写一句话来概括,紧接着用一段话来具体说明这条竞争优势的具体内容。要把该产品的最主要核心竞争优势作为第1条来写。

(9) 知识产权获得情况及其对产品(服务)在技术上发挥的支持作用

先写知识产权获得的情况,重点写该产品什么关键技术获得了什么知识产权,要按照前面关键技术栏里的关键技术次序填写。再写对产品(服务)在技术上发挥的支持作用,可以按照如下思路来写:先简要阐述产品(服务)的竞争优势,这些竞争优势是由哪些关键技术所决定的,在这些关键技术上获得了什么知识产权,最后概述所获得的知识产权对产品获得核心竞争起到了核心支持作用。

值得注意的是,如果是根据已有专利和软件著作权等知识产权来倒推归纳高新技术产品(服务),则应该把该知识产权的技术要点作为关键技术放在关键技术及主要技术指标栏里给予体现。

2. 案例分析

针对上述撰写方法，本节列出了 8 个 PS 情况表参考案例，其中，对 PS01（表 5-13）和 PS02（表 5-14）进行了分析，PS03~PS08（表 5-15 至表 5-20）不进行分析。2 个进行分析的 PS 情况表参考案例是与上面 RD 情况表参考案例对应的先进制造及自动化领域的阀门产品和高技术服务领域的服装产品。

（1）阀门产品分析

如表 5-13（PS01）所示的产品是一家流程阀门企业通过开展智能化耐磨气固两相阀门研究后而开发的产品。该产品从技术层面进行提炼和总结，由该公司与一家高校流体课题组进行合作研发，其技术来源为合作研发，技术领域选择"八、先进制造与自动化—（五）新型机械—2. 通用机械装备制造技术—新型高性能流体混合、分离与输送机械制造技术"。由于技术领域下拉式菜单只能填到第 3 级，因此第 4 级的"新型高性能流体混合、分离与输送机械制造技术"就写在关键技术及主要技术指标栏里。关键技术写了基于两相瞬态分析的外特性预测技术、基于两相运动规律的磨损预估技术和基于实时监控的阀门运行故障诊断技术，这 3 个关键技术与该企业的 RD 项目"基于气固两相流动及磨损分析的智能化流程阀门关键技术研究"里面阐述的核心技术及主要创新点很好地吻合。主要技术指标列举了耐磨性能指标等具体性能指标。在竞争优势里阐述耐磨性能好、适用针对性强、具有在线监测功能和适用范围广 4 个方面的特点，这些竞争优势都是由于前面的 3 个关键技术起作用的。在知识产权获得情况及其对产品（服务）在技术上发挥的支持作用栏里，先阐述了该产品在气固两相阀门外特性预测技术和实时监控软件分别获国家发明专利和软件著作权，接着阐述了流程阀门在用于调控含有固体颗粒的压力气体时的关键是要保证耐磨性能，而产品已经在气固两相阀门外特性预测技术和实时监控软件方面分别获国家发明专利和软件著作权，对提高阀门耐磨性能发挥着核心作用。

对照该产品（PS）"耐磨气固两相流程阀门"、研发项目（RD）"基于气固两相流动及磨损分析的智能化流程阀门关键技术研究"和相关知识产权（IP），三者之间已经形成了很好的逻辑对应关系。

综上所述，该产品情况表整体撰写质量比较好。可以审定为具有核心自主知识产权的高新技术产品。

表 5-13　上年度高新技术产品（服务）情况表（PS01）

产品（服务）名称	耐磨气固两相流程阀门		
技术领域	八、先进制造与自动化—（五）新型机械—2. 通用机械装备制造技术		
技术来源	合作研发	上年度销售收入（万元）	1280
是否主要产品（服务）	■是　□否	知识产权（编号）	IP01、IP02
关键技术及主要技术指标（限400字）	属"八、先进制造与自动化—（五）新型机械—2. 通用机械装备制造技术—新型高性能流体混合、分离与输送机械制造技术"。 关键技术： ①基于两相瞬态分析的外特性预测技术。通过对阀门瞬态启闭过程的气固两相流动的理论分析、数值模拟及试验研究，建立了启闭过程中阀门的性能参数（流量、压力和流量系数等）与其结构参数和流动参数之间的函数关系，提出了流程阀门外特性预测方法。 ②基于两相运动规律的磨损预估技术。根据阀门流道的磨损计算及磨损实验，统计分析不同启闭规律下阀门内部流道的磨损分布及磨损程度，建立启闭过程中内部流道磨损与阀门结构参数及流动参数之间的映射关系，提出了阀门气固两相的内部磨损预估方法。 ③基于实时监控的阀门运行故障诊断技术。通过两相流动数值计算和实验研究，建立阀门性能数据库，同时对流量和压力等性能参数进行测量，构建阀门运行数据库。通过对现场监测到的流量和压力等参数进行分析，判断阀门运行状态是否正常，并对今后运行可能出现的问题进行预判。 主要技术指标： 最高压力 6.3 MPa，最大口径 DN 2000 mm，温度范围 $-40 \sim 400$ ℃，气固两相介质固体体积浓度 10%，最大固体颗粒 2 mm		

续表

与同类产品（服务）的竞争优势（限400字）	①耐磨性能好。由于对阀门启闭过程气固两相运动进行了分析，掌握了气固两相介质在阀门内部的运动规律和磨损特性，针对性地提出了以减少磨损的流道设计方法，使阀门抗磨损性能提高。 ②适用针对性强。针对阀门适用工况的温度、压力、气固两相介质物性（浓度、密度等），开展针对性的阀门密封结构和内部流道耐磨设计，使阀门具有更强的适用工况适应性。 ③具有在线监测功能。在阀门调节机构和内部流道安装了压力、温度和调节位置的传感器，可对阀门运行过程进行状态监测，可保证阀门安全运行。 ④适用范围广。连续使用时间可以达到6个月以上，最高压力可以达到4.0 MPa，最大口径达到DN 2000 mm，温度范围 $-40 \sim 400$ ℃
知识产权获得情况及其对产品（服务）在技术上发挥的支持作用（限400字）	①产品中的气固两相阀门外特性预测技术已获国家发明专利IP01（气固两相流程阀门外特性预估方法，ZL201010578777.8），实时监控软件已获软件著作权IP02（2015SR065870）。 ②流程阀门在对含有固体颗粒的压力气体进行调控时，关键是要保证阀门的耐磨性能。本产品的最主要核心竞争优势是耐磨性能好，其中，气固两相阀门外特性预测技术已获国家发明专利，实时监控软件已获软件著作权，对提高阀门耐磨性能发挥着核心作用

（2）服装产品分析

如表5-14（PS02）所示的产品为一家服装制造公司通过研发项目"以'混合文化'为主题的SSS系列服装设计及技术研发"而开发的系列高端时尚服装。该产品位列该公司所有凝练归纳产品排序第一。按该RD情况表，重点对产品名称、技术领域、关键技术及主要技术指标、核心竞争优势、与同类产品（服务）的竞争优势和知识产权获得情况及其对产品（服务）在技术上发挥的支持作用等栏目进行分析：

①产品（服务）名称。该产品名称体现了混合文化和时尚两层意思，

前者突出设计款式上要体现古典与现代或者中方与西方的混合特点，后者则突出了服装款式符合时代发展潮流，特别是符合女性时装流行发展趋势。产品名称没有问题，但若将后面的关键技术和竞争优势对照起来分析，则该产品没有体现出文化体感技术的内涵。

②技术领域。该产品选择对应的技术领域为"五、高技术服务—（八）文化创意产业支撑技术—1.创作、设计与制作技术—文化体感支撑技术"，但在整个 PS 情况表里对文化体感支撑技术体现不够充分。

③关键技术及主要技术指标。阐述了计算机辅助设计，制版及生产制造系统，将 17 世纪中期巴洛克怀旧风格运用于服装设计、板型、工艺技术、PLM 系统的应用，以及 RFID 无线射频技术应用等关键技术。但这些方面的关键技术阐述的都是服装设计和制作过程中的一些普遍性技术，没有体现出"混合文化"与"时尚"特点相对应的关键技术，更重要的是与技术领域"五、高技术服务—（八）文化创意产业支撑艺术—1.创作、设计与制作技术—文化体感支撑技术"没有紧密的对应关系。在主要技术指标里主要阐述的是生产指标和服装质量方面的指标，这些指标与关键技术的关联性及后面的核心竞争优势之间没有逻辑对应关系。

④与同类产品（服务）的竞争优势。主要阐述的是服装设计制作过程和服装推销过程中涉及的一些做法，这些都不是该产品的竞争优势，也与前面的关键技术及主要技术指标没有对应关系，也不符合技术领域里面"文化体感支撑技术"的要求。

⑤知识产权获得情况及其对产品（服务）在技术上发挥的支持作用。这栏仅写了获计算机软件著作权登记 24 项和实用新型专利授权 9 项，但没有说明该产品在什么方面的关键技术获得的知识产权，以及这些知识产权对产品在技术上发挥的支持作用。

根据以上的分析，该产品的技术领域不符合《技术领域》的范围，而且该 PS 情况表凝练和撰写质量较差，难以通过评审确认为高新技术产品。

表 5-14　上年度高新技术产品（服务）情况表（PS02）

产品（服务）名称	以"混合文化"为主题的×××时尚服装		
技术领域	五、高技术服务—（八）文化创意产业支撑技术—1. 创作、设计与制作技术—文化体感支撑技术		
技术来源	自主研发	上年度销售收入（万元）	55 800
是否主要产品（服务）	■是　□否	知识产权（编号）	IP01、IP02
关键技术及主要技术指标（限400字）	关键技术： ①在该系列主题服装的设计研发中，自主开发了计算机辅助设计、制版及生产制造系统，实现了新产品设计、研发、试制、大货生产全过程的无缝对接。 ②将怀旧风、17世纪中期巴洛克风格运用到服装设计中，包括了色彩、面料、品类的创新统一。 ③通过对板型、工艺的研发与PLM系统的应用，在板型、工艺紧扣设计主题的同时，大大提高了研发工作的效率及准确率。 ④RFID无线射频技术的应用，提高了生产现场的可视化及精细化程度。 主要技术指标： 人均日生产量3.00件，质量返工率4.19%，市场退回率0.393%； 主要产品指标： 可分解芳香胺≤20 mg/kg；甲醛含量≤75 mg/kg，pH 4.0～7.5，耐光色牢度：变色≥3～4级（真丝≥3级）；耐水渍牢度：变色≥4级，沾色≥3级，相互沾色≥4～5级；耐干摩擦牢度≥3～4级，耐湿摩擦牢度≥3级；耐汗渍牢度：变色≥4级，沾色≥3～4级，相互沾色≥4～5级；色泣牢度≥4～5级；纰裂≤6 mm；撕破强力（经、纬）≥10 N（真丝≥7 N），抗静电≤10^9 Ω；产品外观、工艺、缝制质量达到一等品要求		
与同类产品（服务）的竞争优势（限400字）	①丰富完整的品类在国内同类女装中保持领先。 ②复古风、17世纪中期巴洛克的主题系列服装，切合时尚潮流及当代都市女孩的消费心理，是目标客户群体的首选。 ③自主开发适合混合文化背景主题的×××板型，实现板型与设计的一致，逐渐成为品牌特有的产品基因，形成与竞争品牌及产品的差异性。		

续表

与同类产品（服务）的竞争优势（限400字）	④自主开发服装设计系统软件，从产品的设计、研发到生产实现无缝对接，加时尚化的板型库和工艺库，提高了产品试制效率及成功率。 ⑤采用建设覆盖生产车间的RFID数据采集网络和生产执行系统（MES），提高了生产现场的可视化及精细化程度，提高了生产效率及产品品质。 ⑥×××年轻时尚店铺形象及展示陈列设计提升新产品的附加值及竞争优势。 ⑦"寻找时尚新美人"的街拍活动、浙江卫视《爱情连连看》的服装赞助及多部热门影视剧的服装赞助提升了品牌及产品知名度
知识产权获得情况及其对产品（服务）在技术上发挥的支持作用（限400字）	①已获得计算机软件著作权登记24项。 ②已获得实用新型专利授权9项

表5-15 上年度高新技术产品（服务）情况表（PS03）

产品（服务）名称	保暖塑身型无缝内衣		
技术领域	四、新材料—（三）高分子材料—4.新型纤维及复合材料制备技术		
技术来源	自主研发	上年度销售收入（万元）	1125.43
是否主要产品（服务）	■是　□否	知识产权（编号）	IP01
关键技术及主要技术指标（限400字）	属"四、新材料—（三）高分子材料—4.新型纤维及复合材料制备技术—具有特殊性能或功能化的纤维制品及复合材料制备技术"。 关键技术： ①高效保暖无缝编织技术。以可再生铜氨纤维的发热纱线为基材，运用圣东尼无缝内衣专用机，同时采用自主开发的无缝内衣编织技术，提高了保暖率。		

续表

关键技术及 主要技术指标 （限400字）	②功能性塑身一体化设计技术。采用人体工程美学设计，利用Overlapping编程软件，结合先进的高速电脑提花技术，严格控制产品任意部位组织的稀密和收缩程度，使其具有明显的塑身托胸效果。 ③保暖型组织结构设计技术。采用弹性纤维和保暖层两层组织结构设计，同时利用一次编织成型技术，既提高了产品的保暖率，又提升其收缩可塑性。 主要技术指标： 吸湿发热升温值（最高升温值）6.2 ℃，吸湿发热升温值（30分钟内平均升温值）5.5 ℃，pH 7.8，耐水洗色牢度4～5级
与同类产品 （服务）的竞争 优势（限400字）	①保暖效果好。本产品采用特制发热纤维，利用特殊的无缝内衣编织技术，通过改变托胸套装的组织结构，明显地提高了产品的保暖率，其中，吸湿发热升温值（最高升温值）为6.2 ℃，吸湿发热升温值（30分钟内平均升温值）为5.5 ℃。 ②塑身效果好。传统产品的编织工艺无法控制其收缩可塑性，本产品通过采用人体工程学原理，利用专用软件设计和特殊编织工艺，严格控制产品不同部位的收缩和疏密程度，提高了其塑身托胸效果
知识产权获得情况 及其对产品（服务） 在技术上发挥的 支持作用 （限400字）	①自主知识产权：保暖组织结构相关技术获得了实用新型专利IP01（保暖型无缝内衣，ZL201620110761.X）。 ②对产品（服务）在技术上发挥的支持作用：专利"保暖型托胸套装"保护范围为保暖型托胸套装的组织结构，与本产品的关键技术第3点中"弹性纤维和保暖层两层一次成型编织而成"完全吻合。应用该专利技术后，本产品的保暖和塑身效果都有明显的提高。其中，吸湿发热升温值远高于国家标准

表 5-16 上年度高新技术产品（服务）情况表（PS04）

产品（服务）名称	环保无铬山羊手套革		
技术领域	七、资源与环境—（七）清洁生产技术—1.重污染行业生产过程中节水、减排及资源化关键技术		
技术来源	自主研发	上年度销售收入（万元）	997.56
是否主要产品（服务）	■是　□否	知识产权（编号）	IP01、IP02
关键技术及主要技术指标（限400字）	属"七、资源与环境—（七）清洁生产技术—1.重污染行业生产过程中节水、减排及资源化关键技术—重污染行业的清洁生产新技术、新工艺"。 关键技术： ①复灰液循环利用技术。通过增加皮重0.3%～0.5%的30%氢氧化钠溶液处理，以硫酸铝为无机絮凝剂，经沉淀过滤作为循环液用于膨胀工序，消除废水污染，节省硫化钠及石灰粉。 ②无铬鞣制生产技术。添加1.5%～2.5%的硫酸四羟甲基膦和1.5%～2.5%的合成单宁，以阶段加料、转鼓的方式，增强鞣制效果，减少重金属铬的含量。 ③制革污水去氨氮处理技术。通过曝气管和横向曝气管通过交叉点相连通，缩短硝化反硝化反应时间，且采用活性污泥法进行全过程去除氨氮含量，节省氧供应量25%，降低能耗，污泥生成量减少50%。 主要技术指标： 收缩温度≥88 ℃，COD≤150 mg/L，六价铬含量≤5 mg/kg，游离甲醛含量≤150 mg/kg，可分解有害芳香胺染料≤30 mg/kg，氨氮≤1 mg/L		
与同类产品（服务）的竞争优势（限400字）	①重金属铬含量低。采用环保噁唑烷鞣剂、超支化聚合物助剂与锆鞣剂结合，取代传统铬鞣剂，六价铬的含量控制在5 mg/kg以内，相比传统产品，重金属及硫化物污染降低。 ②废酸用量低。自主研发少酸少盐浸酸工艺，用盐量小于8%，减少了废酸污染，节能减排。 ③COD和氨氮排量低。通过污水去氨氮短程硝化反硝化工艺，COD 140 mg/L，氨氮0.8 mg/L		

续表

知识产权获得情况及其对产品（服务）在技术上发挥的支持作用（限400字）	①自主知识产权：无铬鞣制技术获得发明专利IP01（一种山羊手套革的无铬鞣制生产工艺，ZL200810017353.7），制革污水去氨氮处理技术获得实用新型专利IP02（用于皮革工业污水去氨氮的短程硝化反硝化反应池，ZL201010578777.1）。 ②对产品（服务）在技术上发挥的支持作用：通过皮革工业污水去氨氮的短程硝化反硝化反应池，对降低氧供应量和COD排放、减少氨氮的含量、实现低能耗治理发挥重要支持作用；通过无铬鞣制生产工艺，对降低重金属铬污染、提高皮革收缩性发挥重要作用

表5-17　上年度高新技术产品（服务）情况表（PS05）

产品（服务）名称	高转化效率太阳能电池片		
技术领域	六、新能源与节能—（一）可再生清洁能源—1.太阳能		
技术来源	自主研发	上年度销售收入（万元）	5412.56
是否主要产品（服务）	■是　□否	知识产权（编号）	IP01、IP02
关键技术及主要技术指标（限400字）	属"六、新能源与节能—（一）可再生清洁能源—1.太阳能—太阳能热利用技术"。 关键技术： ①方阻新型扩散技术。采用自主研发的"新型扩散炉的进气装置"，通过在炉体内排气管上设有排气孔，有效降低了扩散炉内炉口与炉尾的方块电阻差异，改善了扩散方阻的均匀性，提高了太阳能电池的转化效率。 ②正面网版印刷图形优化设计技术。将正极图形栅线宽度由常规40~45 μm下降至35 μm，同时为了降低由于栅线变细导致的电池串联阻抗增加，将正极图形栅线根数由80根增加至90~100根，提高太阳能电池的光电转换效率6.8%以上。 ③电池片发射结方阻优化设计技术。采用副栅线根数增加后的试验网版，通过优化扩散工艺，在提升了方阻的同时改善了片内均匀性（8%~10%→4%~6%），方阻由常规75~80 Ω/□提升至90~95 Ω/□以上，电池片整体转换效率累计提高15%。		

续表

关键技术及主要技术指标（限400字）	主要技术指标： 填充因子78.98%，转换效率17.75%，短路电流8.719 A，开路电压0.6297 V，最大功率4.319 W，最大功率点电压0.5329 V，最大功率点电流8.179 A
与同类产品（服务）的竞争优势（限400字）	①转化效率高。将正极图形栅线宽度由常规40～45 μm下降至35 μm，将正极图形栅线根数由80根增加至90～100根，提高太阳能电池的光电转换效率6.8%以上；通过方阻由常规75～80 Ω／□提升至90～95 Ω／□以上，提高太阳能电池的光电转换效率5.5%以上。电池片整体转换效率累计提高15%～17.6%。 ②性价比高。新型扩散炉的改进及应用，保证气体充分混合，提高方块电阻的均匀性，降低了次品率，相比传统工艺成本更低；产品质量稳定，产品性能深受客户好评，市场竞争力强
知识产权获得情况及其对产品（服务）在技术上发挥的支持作用（限400字）	①自主知识产权：太阳能电池片制备过程采用的扩散技术获得了国家实用新型专利（一种新型扩散炉，ZL201420418703.1）。 ②对产品（服务）在技术上发挥的支持作用：专利"一种新型扩散炉"，通过改进扩散炉的进气装置，在进气之前，将气体充分混合，保证了反应的均匀性，通过在炉体内排气管上设置排气孔，有效降低了扩散炉内炉口与炉尾的方块电阻差异，改善了扩散方阻的均匀性，提高了太阳能电池的光电转化效率

表5-18 上年度高新技术产品（服务）情况表（PS06）

产品（服务）名称	高精度光纤可视故障探测仪		
技术领域	一、电子信息—（四）通信技术—4.移动通信系统技术		
技术来源	自主研发	上年度销售收入（万元）	754.56
是否主要产品（服务）	■是 □否	知识产权（编号）	IP01

续表

关键技术及 主要技术指标 （限400字）	属"一、电子信息—（四）通信技术—4. 移动通信系统技术—其他基于移动通信网络的行业应用的配套技术等"。 关键技术： ①半导体激光光源定位技术。采用半导体激光光源作为发射器件代替传统的 LED 光源，提高光源能量，发散性小、耦合效率高，同时结合恒流控制系统，避免半导体激光器被各种电脉冲击穿；根据瑞利散射原理，选用 650 nm 激光作为探测光线，保证在可见光范围内激光能量转换效率最高。 ②多功率输出探测技术。通过 1~30 mW 的多功率输出选择，对应不同距离选择输出功率，可快速定位 30 km 内宏弯、断点或裸光纤的故障点，也可用于识别在配线架的连接器和拼接操作过程中的纤维，故障探测功能稳定精准。 ③直流和调式工作模式转换技术。支持直流恒定光输出和调制 2 Hz 闪烁输出工作模式转换，方便故障定位，并且电池寿命 1 mW 功率最多输出可达 50 h 的脉冲。 主要技术指标： 输出功率 >10 mW，动态距离输出功率 25~30 mW
与同类产品 （服务）的竞争 优势（限400字）	①发散性小耦合效率高。采用半导体激光光源作为发射器件代替传统的 LED 光源，解决同类产品始端反射脉冲太强易引起接收放大器的饱和现象等缺点，具有高达 30 mW 的输出功率，可用于发现 30 km 以内的宏弯和断点。 ②故障定位精度高。对应不同距离输出功率选择 25~30 mW 的输出功率，且支持直流恒定光输出和调制 2 Hz 闪烁输出工作模式转换，故障定位精确
知识产权获得情况 及其对产品（服务） 在技术上发挥的 支持作用 （限400字）	①自主知识产权：半导体激光光源定位技术已获软件著作权 IP01（2015SR065870）。 ②对产品（服务）在技术上发挥的支持作用：产品采用上述的软件，实现半导体激光光源的探测技术，通过激光光源定位，实现快速定位光纤 30 km 内宏弯、断点或裸光纤的故障点

表 5-19 上年度高新技术产品（服务）情况表（PS07）

产品（服务）名称	高流动性饲料级烟酰胺		
技术领域	二、生物与新医药—（六）轻工和化工生物技术—2. 微生物发酵技术		
技术来源	自主研发	上年度销售收入（万元）	1241.21
是否主要产品（服务）	■是 □否	知识产权（编号）	IP01、IP02
关键技术及主要技术指标（限400字）	属"二、生物与新医药—（六）轻工和化工生物技术—2. 微生物发酵技术—新功能微生物选育与发酵过程的优化控制技术"。 关键技术： ①高产率、高纯度烟酰胺制备技术。采用自主改进催化水合专用反应釜，通过腈水合酶水溶液生物催化条件，转化率可提高至99%以上，采用纳滤设备和芯膜，拦截分子量500以上的杂质，在较短时间内可以高效除杂或除有色物质，提高烟酰胺纯度。 ②颗粒均匀性流化技术。通过更新床层表面颗粒，使雾化液滴均匀地涂敷在烟酰胺颗粒表面，实现颗粒均匀长大，提高了颗粒作为添加剂的流动性。 ③压力喷雾造粒烟酰胺粒径控制技术。压力控制（0.5~10）MPa，使颗粒保持控制所需大小，控制进风管内空气流速小于烟酰胺产品最小粒度颗粒的带出速度，使粒径大于0.8 mm的烟酰胺颗粒返回融化釜，粒径小于0.2 mm的颗粒返回喷雾造粒塔流化床重新造粒，对粒径为0.2~0.8 mm的烟酰胺颗粒进行包装，有效地实现了大小颗粒烟酰胺的自动分级。 主要技术指标： 熔点128~131 ℃，含量≥99%，干燥失重≤0.5%，重金属≤0.002%，炽灼残渣≤0.1%		
与同类产品（服务）的竞争优势（限400字）	①颗粒均匀性好。采用雾化颗粒进料速度，控制颗粒均匀生产，与传统产品对比，粒径更均匀，流动性更高。 ②烟酰胺纯度高。采用酶催化水合烟酰胺反应最优条件及分离技术，纯度达到99%以上。		

续表

与同类产品（服务）的竞争优势（限400字）	③粒径收集效率高。自主研发喷雾造粒塔，控制排风出风量筛选粒径分布集中的颗粒，颗粒自动分级，粉末可循环利用，收集效率高，相比传统工艺成本更低
知识产权获得情况及其对产品（服务）在技术上发挥的支持作用（限400字）	①自主知识产权：高纯度烟酰胺制备技术已获实用新型专利IP01（一种催化水合专用反应釜，ZL201520439030.2），压力喷雾造粒烟酰胺粒径控制技术已获实用新型专利IP02（一种喷雾造粒塔，ZL201520439864.3）。 ②对产品（服务）在技术上发挥的支持作用：专利"一种催化水合专用反应釜"，通过扩大搅拌面积，夹角调节，实现整个釜体的内部搅拌，搅拌效果好，水合反应效率高，提高产率。专利"一种喷雾造粒塔"，烟酰胺料液由上至下从喷雾器的喷嘴喷出，形成一层高速的液膜，通过调节热风量，对液滴烘干成颗粒，通过设置有调节结构的热风管道，调节侧排风口的出风量，实现不同粒径烟酰胺的筛选，解决传统喷雾造粒塔后续筛分负荷大、筛分颗粒分布不均的难点。该专利技术对烟酰胺颗粒成型、筛分过程发挥重要的支持作用，提高烟酰胺调配流动性

表5-20 上年度高新技术产品（服务）情况表（PS08）

产品（服务）名称	无人机		
技术领域	三、航空航天—（一）航空技术—3.飞行器系统技术，飞行器控制系统技术		
技术来源	自主研发	上年度销售收入（万元）	1204.12
是否主要产品（服务）	■是 □否	知识产权（编号）	IP01
关键技术及主要技术指标（限400字）	属"三、航空航天—（一）航空技术—3.飞行器系统技术，飞行器控制系统技术—无人机的遥控技术等"。 关键技术： ①位同步时钟数字锁相设计技术。采用数字锁相法来实现位同步，不占用导频功率，直接从非归零二进制序列中提取同		

续表

关键技术及 主要技术指标 （限400字）	步信息，以及正相积分输出直接送译码器，有效提高信道编码增益。 ②帧同步电路设计及 CRC 校验技术。利用集中插入法，同步建立时间比较短、易于实现，提高整个数据的调解质量，采用串行 CRC 校验对传输数据进行校验，以验证传输数据的正确性，有效提高数据传输质量。 ③遥控器链路合并设计技术。精确设计遥控链路合并的发送板和接收板，测量遥控器输出的 PCM1024 波形，接收端分通道的脉宽信号波形，编写发送端和接收端的 FPGA 程序，实现无人机的精准控制。 主要技术指标： 数据速率 $1/150~\mu s$，距离 $\leqslant 7~km$，飞行速度 $0\sim 80~km/h$，延迟 $500~ms$
与同类产品 （服务）的竞争 优势（限400字）	①抗干扰能力强。采用数字锁相法来实现位同步，不占用导频功率，直接从非归零二进制序列中提取同步信息，防止导频和信号间由于滤波不好而引起的相互干扰，也可以防止信道不理想引起导频相位的误差。 ②控制距离远。区别现有产品 RC 遥控，产品借助 iN-ET9000 无线调频电台，将 2 个链路合并，增加遥控的有效距离。 ③数据传输稳定、精度高。产品采用帧同步电路，提高整个数据的调解质量，并通过串行 CRC 校验验证传输数据的正确性，有效提高数据传输质量，降低控制延迟时间
知识产权获得情况 及其对产品（服务） 在技术上发挥的 支持作用 （限400字）	①自主知识产权：同步时钟数字锁相设计技术已获国家发明专利 IP01（位同步时钟提取的数字锁相环设计方法，ZL201210578777.8）。 ②对产品（服务）在技术上发挥的支持作用：产品采用该发明专利，实现位同步，不占用导频功率，直接从非归零二进制序列中提取同步信息，以及正相积分输出直接送译码器，有效提高信道编码增益

（七）企业创新能力

1. 填写说明

企业创新能力表主要填写知识产权对企业竞争力的作用、科技成果转化情况、技术创新和研究开发组织管理情况及管理与科技人员情况4个方面内容。下面针对每个方面内容阐述如何填写。

（1）知识产权对企业竞争力的作用

主要要体现3个层面的内容：一是企业竞争力，如主要产品（服务）的竞争优势；二是对企业竞争力起关键作用的核心技术；三是核心技术获得知识产权情况。撰写的要点是首先写企业在行业里的影响和地位，包括企业主要产品（服务）在行业的竞争优势，接着写企业通过持续开展研究开发，在哪些关键技术上获得重要进展和知识产权，并开发出了产品（服务），最后归纳总结这些知识产权对提升企业竞争力发挥着核心支撑作用。

（2）科技成果转化情况

科技成果主要是指通过企业研发活动，也就是通过 RD 研究，获得的关键技术和核心技术。1项科技成果转化为1个产品、服务、样机等形式可以计为1项科技成果转化项目，多项科技成果转化为1项或多项产品、服务或样机等形式可以计为多项科技成果转化项目，但1项科技成果转化为多项产品、服务或样机等形式只能计为1项科技成果转化项目。科技成果转化项目情况在撰写时要体现 RD、科技成果和转化形式3层意思。因此，科技成果转化情况撰写的要点是首先企业开展了哪些 RD 的研究开发，获得了哪些关键技术即取得了哪些科技成果，这些科技成果转化为产品、服务或样机等形式。科技成果转化情况要与科技成果转化列表相一致。

根据以上的阐述，1个 RD 所取得的核心技术就可以作为1项科技成果转化项目，所取得的几项核心技术就可以计为几项科技成果转化项目。如果平均1项 RD 可以获得3项关键技术（核心技术）即科技成果，根据《工作指引》企业若想在科技成果转化能力获得高档位的评分，只需要3年内有5项 RD 就可以了。因此，基于科技成果转化项目来确定 RD 时，要在科技成果转化能力评分获得高档位分数，只需要归集5项以上 RD 就可以了,这样就会使申请认定企业在归集研发费用时具有很大的灵活性。

(3) 技术创新和研究开发组织管理情况

在撰写时主要应体现3个方面的内容:一是企业在技术方面的总体情况及在同行业里的地位和影响;二是企业在技术创新方面取得的成绩(包括获得的科技成果奖励);三是企业在研究开发项目实施方面的组织和管理方面的情况。

(4) 管理与科技人员情况

在撰写时主要应体现3个方面的内容:一是企业在管理方面的基本情况;二是企业的科技人员情况;三是企业外聘、兼聘科技人员的情况(必要时)。

2. 案例分析

同样以某家阀门企业为例,根据上面的阐述,它的创新能力情况撰写如下。

(1) 知识产权对企业竞争力的作用(限400字)

主要产品的核心技术拥有自主知识产权是企业具备市场竞争力的关键。公司通过多年来与浙江理工大学流体传输和机电控制研究团队的紧密合作,已经在流程阀门研究开发方面具有较强的科技开发能力和一定的市场竞争力。公司在流体(液体、气体)单相流程阀门、两相(气固、液固)流程阀门的核心技术方面拥有4件授权发明专利、2件授权实用新型专利和2个软件著作权,使得公司在流程阀门尤其是用于天然气调控、含有固体颗粒的油气输送领域的流程阀门方面具有较强的竞争力,成为中石化、中石油和中海油等大公司的战略合作伙伴。公司开发的高压大口径天然气调节阀、气固和液固耐磨流程阀门及集流体调节和计量功能的计量阀门在市场上的份额居同行前列。

(2) 科技成果转化情况(限400字)

公司通过与浙江理工大学流体传输和机电控制研究团队的紧密合作,自2013年以来已经开展了气体阀门内部流动特性分析、液体阀门内部湍流特性、液体阀门空化特性、流程阀门气固两相流动及磨损分析和液固两相流动及磨损分析7个项目的研究开发,取得了气体阀门流动特性预测、液固阀门磨损预测和液体阀门流阻特性等16项核心技术,这些核心技术已经在公司PS01~PS03得到应用。

(3) 技术创新和研究开发组织管理情况（限 400 字）

公司已经建立了很好的技术创新和研究开发管理制度，有效地保障了公司开展面向高端产品开发的研究开发活动。

①制定了企业研究开发的组织管理制度，形成了较为完善的研发项目投入核算体系，对每个研发项目单独建账。

②公司内部成立了技术开发部，并与浙江理工大学流体传输和机电控制研究团队建立了紧密的合作关系，建立了联合研发中心，并成为省级高新技术企业研发中心。

③建立了科技成果转化的激励机制和开放式的创新创业平台，对每个参与公司高端新产品开发的科技人员给予奖励，鼓励公司内部和外部科技人员创业并构建可对公司主营业务形成上、下游关系的产业协作关系。

④建立了科技人员的培养进修、职工技能培训、优秀人才引进及人才绩效评价奖励制度。

(4) 管理与科技人员情况（限 400 字）

公司已经通过了 ISO 9001 质量体系认证，建立了比较完善的现代企业管理制度。公司于 2015 年年底完成股改，努力争取于今后 3 年内在三板上市。公司现有固定人员 100 人，其中，管理人员 10 人、科技人员 18 人，固定科技人员占比为 18%。在固定科技人员中，博士学位 1 人、硕士学位 2 人、高级职称人员 2 人。此外，公司还聘请浙江理工大学 6 名博士作为公司的兼职科技人员，这 6 人平均每人每年为公司工作 200 天以上。

（八）企业参与国家标准或行业标准制定情况汇总表

此项为加分项，申请认定企业需要如实填写，并提供相应的证明材料，如表 5-21 所示。

表 5-21 企业参与国家标准或行业标准制定情况汇总表

序号	标准名称	标准级别		标准编号	参与方式	
01	集成灶	■国家	□行业	GB2013023030	■主持	□参与

第6章 专家评审要点解读

专家评审是高新技术企业认定过程中比较重要的环节。专家根据申请认定企业提供的评审材料进行评审，并给出评审意见，专家评审意见是当地认定机构审定高新技术企业认定申请的主要参考依据。本章主要阐述技术专家和财务专家的评审方法。

一、技术专家评审要点解读

技术专家根据《认定办法》和《工作指引》规定的认定条件，对申请认定企业进行评审，并给出评审意见，特别是要对建议不予通过的申请认定企业应该给出充足的理由。下面根据高新技术企业认定8个条件对技术专家的评审要点和不予通过理由进行解读分析。

（一）企业是否注册成立1年以上

"须注册成立1年以上"是指企业须注册成立365个日历天数以上，例如，申请认定通知文件规定2017年8月1日申报截止，则申请认定企业营业执照上的注册时间必须为2016年8月1日前，才能符合要求。

评审依据：可审查申请认定企业提供的营业执照上依法登记成立的日期是否符合《认定办法》和《工作指引》的要求。

不予通过理由：通过查看申请认定企业提供的营业执照上登记成立的日期，若该日期与申请认定资料提交截止时间之间未达到365个日历天数以上，则建议不予通过。

（二）知识产权

1. 知识产权权属人

知识产权须在中国境内授权或审批审定，并在中国法律有效保护期内，权属人必须与营业执照的企业名称一致，不一致的必须提供相关部门的变更核准书。

评审依据：可同时审查申请认定企业提供的营业执照上的企业名称与知识产权证书或专利授权通知书上权利人的企业名称是否相符，不符的有否提供相关部门的变更核准书。另外，审查知识产权证书是否在中国境内授权或审批审定，例如，国外的发明专利和外观专利等知识产权不符合《工作指引》规定。

不予通过理由 1：通过查看申请认定企业提供的营业执照上的企业名称与知识产权证书或专利授权通知书上权利人的企业名称，发现两者不一致，且查看国家知识产权局网站（http：//www.sipo.gov.cn），专利未进行相应的变更且也未提供相关部门的专利变更核准通知书。根据《工作指引》"三、认定条件—（二）知识产权"的相关规定，不符合高新技术企业认定条件，建议不予通过。

不予通过理由 2：通过查看申请认定企业提供的专利证书为国外发明专利，未在中国境内授权或审批审定。根据《工作指引》"三、认定条件—（二）知识产权"的相关规定，不符合高新技术企业认定条件，建议不予通过。

2. 知识产权的使用次数

高新技术企业认定中，对企业知识产权情况采用分类评价方式，其中，发明专利（含国防专利）、植物新品种、国家级农作物品种、国家新药、国家一级中药保护品种、集成电路布图设计专有权等按Ⅰ类评价；实用新型专利、外观设计专利、软件著作权等（不含商标）按Ⅱ类评价。Ⅰ类知识产权使用次数不限，Ⅱ类知识产权仅限使用 1 次。

评审依据：可查看申请认定企业提供的自评表中是否为重新认定企业，若不是，则该问题不用考虑；若为重新认定（指已经通过高新技术企业认定的企业在有效期到期后重新申请认定）企业，则要求企业提供上一次申请认定时的《高新技术企业认定申请书》，并查看相应的知识产权汇总表，同时与本次申请所用的知识产权名称作比对。判断Ⅱ类知识产权是否有重复使用，若有重复应剔除，再进行后续评价。

不予通过理由：通过查看自评表，申请企业为重新认定，根据企业提供的上一次申请认定的《高新技术企业认定申请书》，通过比对Ⅱ类知识产权名称和编号后发现，该申请企业在本次申请时提供的Ⅱ类知识产权已在上一次申请认定时使用过，并无新的知识产权授权，根据《工作指引》"三、认定条件—（二）知识产权"的相关规定，不符合高新技术企业认定条件，建议不予通过。

3. 知识产权多个权属人

在申请高新技术企业认定及高新技术企业资格存续期内，知识产权有多个权属人时，只能由1个权属人在申请时使用。

评审依据：审查申请认定企业提供的知识产权证书或专利授权通知书上的权利人是否存在多个权属人情况，若无或与高校一起申请的，则该问题不用考虑。若由多个企业共同申请的，要求申请认定企业提供其他企业不以此知识产权申请高新技术企业认定的承诺书或相关证明材料。

不予通过理由：通过查看申请认定企业提供的知识产权证书或专利授权通知书上的权利人存在2个以上权利人，任何另一个权利人为企业已经使用该知识产权申请高新技术企业认定获得通过且该知识产权仍在高新技术企业资格存续期内，或者未提供不使用该知识产权申请高新技术企业认定的承诺证明，根据《工作指引》"三、认定条件—（二）知识产权"的相关规定，不符合高新技术企业认定条件，建议不予通过。

4. 知识产权有效性依据

知识产权的有效性以企业申请认定前获得授权证书或授权通知书并提供缴费收据为准。

评审依据：审查申请企业的专利证书或授权通知书，并将企业名称和专利号一并输入国家知识产权局网站（http://www.sipo.gov.cn）的年费缴纳情况栏，核实企业提供的缴费依据是否正确，且是否有效。若剔除失效专利后，仍还有有效专利的，在此基础上对申请认定企业进行评价。

不予通过理由：通过查看申请认定企业的专利证书或授权通知书年费缴纳情况，发现该企业在申请认定时提供的专利都未缴纳年费，为失效专利。剔除该失效专利后，企业没有有效专利。根据《工作指引》"三、认定条件—（二）知识产权"的相关规定，不符合高新技术企业认定条件，建议不予通过。

5. 技术的先进程度（8分）

技术的先进程度为知识产权核心技术的复杂程度和技术水平，是企业创新能力评价中技术专家对知识产权进行评审的主观打分项。

评审依据：

①审查申请认定企业提供的《高新技术企业认定申请书》高新技术产品（服务）情况表（PS情况表）中的"与同类产品（服务）的竞争优势"和"知识产权获得情况及其对产品（服务）在技术上发挥的支持作用"栏目，判断技术对主要产品（服务）竞争优势的支持作用。

②审查申请认定企业提供的《高新技术企业认定申请书》知识产权汇总表中是否有发明专利等Ⅰ类知识产权，判断知识产权的优越性。

③审查申请认定企业提供的《高新技术企业认定申请书》研究开发活动情况表（RD情况表）中的"核心技术及创新点"栏目，以及高新技术产品（服务）情况表（PS情况表）中的"关键技术及主要技术指标"栏目，判断知识产权及其与RD中的核心技术和PS中的关键技术三者之间的关联程度。

通过上述3个方面的审查，判断技术的先进程度，并进行打分。

6. 知识产权对主要产品在技术上发挥核心支持作用（8分）

知识产权对产品竞争优势发挥核心作用的程度，是企业创新能力评价中技术专家对知识产权进行评审的主观评分项。

评审依据：审查申请认定企业提供的《高新技术企业认定申请书》高新技术产品（服务）情况表（PS情况表）中的"关键技术及主要技术指标""与同类产品（服务）的竞争优势"和"知识产权获得情况及其对产品（服务）在技术上发挥的支持作用"栏目，判断知识产权与对主要产品（服务）竞争优势发挥核心作用的关键技术的关联程度。在此基础上，判断知识产权对主要产品（服务）在技术上发挥核心支持作用的程度，特别要关注该知识产权与竞争优势、主要技术指标和关键技术的关联程度，并进行打分。

7. 知识产权数量判断（8分）

根据知识产权的数量进行打分，为企业创新能力评价中技术专家对知识产权进行评审的客观评分项。

评审依据：查看申请认定企业提供的《高新技术企业认定申请书》知识产权汇总表及相关知识产权证明材料中的有效知识产权数量。在此基础上，判断知识产权的数量，并进行打分。

8. 知识产权获得方式（6 分）

根据知识产权的获得方式进行打分，为企业创新能力评价中技术专家对知识产权评审的客观打分项。

评审依据：查看申请认定企业提供的《高新技术企业认定申请书》知识产权汇总表及相关知识产权证明材料，判断是否为自主开发（以自主开发方式获得知识产权的集团公司或法人等关联权属单位变更获得的可认为是自主开发）。在此基础上，判断知识产权获得方式，并进行打分。

9. 企业参与编制国家标准、行业标准、检测方法、技术规范的情况

此项为加分项，加分后"知识产权"总分不超过 30 分。相关标准、方法和规范须经国家有关部门认证、认可。

评审依据：查看申请认定企业提供的知识产权证明材料栏目中的相关材料，是否参与编制行业标准或国家标准等，并同时查看起草单位是否与申请企业名称一致。若是，则可加分。

（三）企业主要产品（服务）发挥核心支持作用的技术属于《技术领域》规定的范围

此项为必要条件，也是技术专家在评审时的主要审查内容。

评审依据：

①审查申请认定企业提供的《高新技术企业认定申请书》高新技术产品（服务）情况表（PS 情况表）中的"与同类产品（服务）的竞争优势""关键技术及主要技术指标"和"知识产权获得情况及其对产品（服务）在技术上发挥的支持作用"栏目，判断上述三者间的关联程度，是否符合对应性和一致性。

②审查申请认定企业提供的《高新技术企业认定申请书》高新技术产品(服务)情况表（PS 情况表）中对产品（服务）起核心支持作用的"关键技术"是否符合《技术领域》里最细一级技术领域的要求。

③审查申请认定企业提供的《高新技术企业认定申请书》高新技术产品（服务）情况表(PS 情况表)中"知识产权获得情况及其对产品（服务)在技术上发挥的支持作用"栏目，判断具有知识产权的高新技术产品(服务)是否占近 1 年高新技术产品(服务)收入的 50% 以上。

不予通过理由 1：通过审查高新技术产品（服务）情况表（PS 情况

表），发现"关键技术及主要技术指标"和"与同类产品（服务）的竞争优势"两者之间没有关联，阐述的关键技术未能支撑主要技术指标和与同类产品（服务）的竞争优势，主要技术指标也未能提供相关的证明材料作支撑。根据《工作指引》中对高新技术产品（服务）的定义，该项产品（服务）不能确定为高新技术产品（服务）。剔除并重新核算后，该企业的高新技术产品（服务）收入占当年总收入的比例，未能达到60%的要求。综上所述，根据《认定办法》第十一条认定条件规定，该企业存在如下问题：第一，部分主要产品（服务）的关键技术不属于《技术领域》范畴，不能确定为高新技术产品（服务）；第二，近1年高新技术产品（服务）收入占总收入的比例低于60%。综上所述，建议不予通过。

不予通过理由2：通过审查高新技术产品（服务）情况表（PS情况表）中对"关键技术"的描述，与《技术领域》里最细一级的技术领域进行比对后，发现主要产品（服务）的关键技术与所填报的技术领域之间没有关联。此外，通过查看高新技术产品（服务）情况表（PS情况表）中"知识产权获得情况及其对产品（服务）在技术上发挥的支持作用"栏目，发现该企业申报的专利技术与产品的关键技术不相关，且未能有效支撑PS情况表中的"竞争优势"。综上所述，第一，该企业产品的关键技术与《技术领域》不符，不能确定为高新技术产品（服务）；第二，根据《工作指引》对主要产品（服务）占比的规定，该企业的主要产品（服务）占同期高新技术产品（服务）收入的比例经核算低于50%。建议不予通过。

（四）科技人员情况

根据《工作指引》规定，科技人员是指直接从事研发和相关技术创新活动，以及专门从事上述活动的管理和提供直接技术服务，全年累计实际工作时间在183天以上的人员，包括在职、兼职和临时聘用人员。

评审依据：根据申请认定企业提供的科技人员相关说明，判断科技人员占企业当年职工总数的比例不低于10%，以年月平均数为依据，而不是年底数。在此基础上，从科技人员的工作岗位入手，判断是否属于科技人员。

不予通过理由：通过查看申请认定企业提供的科技人员工作岗位，发现有 X 个科技人员的工作岗位为生产操作工，根据《工作指引》对科技人员的定义，审者认为该 X 个人不为科技人员。经重新核算后，该企业在当年的科技人员为 Y 人，占职工总数的比例为 Z%，低于《认定办法》"第十一条（四）"规定的下限10%，不符合高新技术企业申报条件，建议不予通过。

（五）研发活动项目核定数

根据 RD 表，根据《工作指引》规定，采用行业标准判断法、专家判断法和目标或结果判定法 3 种方法重新核定企业提供的 RD 数。

评审依据：查看申请认定企业提供的《高新技术企业认定申请书》研究开发项目情况表（RD 情况表）中"立项目的"和"核心技术及创新点"，判断通过研发活动是否解决了申请认定企业在新技术、新产品和新工艺开发过程中的若干关键技术难题，以及是否获得阶段性成果，简单的外观设计（主要依靠技术专家评审）或常规性提升、直接应用科技成果等活动（如直接采用新材料、装置、产品、服务、工艺或知识等）不能确定为研发活动。对获得省部级及以上科技项目立项支持或在一些高端领域（如航空航天、深海探测和国防军工领域）得到应用的，可以判断为研发项目。在此基础上，根据研发活动项目核定数，核定申请认定企业的研发经费，并判断是否符合研发经费比例的要求。

不予通过理由：通过查看研究开发项目情况表（RD 情况表）中"立项目的""核心技术及创新点"及"获得的阶段性成果"，该申请企业的研究开发项目都为自主立项（未经政府部门审批），且 $RD0X \sim RD0Z$ 没有解决项目研发过程中存在的关键技术难题，创新点不明显，未获得实质性的阶段性成果，由此判断该项目对解决产品的关键技术难题没有起到实质作用，同时发现 $RD0X \sim RD0Z$ 的核心技术及创新点存在几乎雷同现象。因此，根据《工作指引》相关规定，$RD0X \sim RD0Z$ 不能计入研究开发项目，经重新核算后，该企业的研究开发项目为 Y 项，这 Y 项的研究开发费用总额为 N 万元，占近 3 年销售收入总额的比例为 X%，根据《认定办法》"第十一条（五）"规定，研发费用占比低于3%。综上所述，不符合高新技术企业认定条件，建议不予通过。

（六）高新技术产品（服务）核定数

根据《工作指引》要求，技术专家根据高新技术产品（服务）的定义，对申请认定企业提供的高新技术产品（服务）进行判别，重新核定高新技术产品（服务）数量。

评审依据：审查申请认定企业提供的《高新技术企业认定申请书》高新技术产品（服务）情况表（PS情况表）中的"关键技术及主要技术指标""与同类产品（服务）的竞争优势"和"知识产权获得情况及其对产品（服务）在技术上发挥的支持作用"栏目，判断产品的竞争优势、关键技术和主要技术指标三者之间的关联程度，以及关键技术的描述是否符合《技术领域》里最细一级技术领域的要求，来判断是否为高新技术产品（服务）。在此基础上，根据高新技术产品（服务）核定数，判断申请认定企业的近1年高新技术产品（服务）收入是否达到60%比例的要求。

不予通过理由：通过审查高新技术产品（服务）情况表（PS情况表）中的"关键技术及主要技术指标""与同类产品（服务）的竞争优势"和"知识产权获得情况及其对产品（服务）在技术上发挥的支持作用"栏目。经审查：第一，申请认定企业提供的高新技术产品（服务）的竞争优势与关键技术和主要技术指标之间没有关联，主要技术指标也没有相应的技术证明材料作支撑；第二，根据企业描述的"关键技术"来看，不符合《技术领域》最细一级技术领域的要求。根据《工作指引》中对高新技术产品（服务）的定义，核定 $PS0X \sim PS0Y$ 不属于高新技术产品（服务），应予剔除，经重新核算后，高新技术产品（收入）的占比为 $Z\%$。综上所述，第一，产品的核心技术与申报的《技术领域》范围不符，不能核定为高新技术产品（服务）；第二，近1年高新技术产品（服务）的收入占比低于60%。建议不予通过。

（七）企业创新能力评价

技术专家主要对企业创新能力评价中的科技成果转化能力和研发组织管理水平进行评价打分。

1. 科技成果转化能力（30分）

此项为企业创新能力评价中技术专家的主观打分项。科技成果是指通过科学研究与技术开发所产生的具有实用价值的成果（专利、版权、集成电路布图设计等）。科技成果转化是指为提高生产力水平而对科技成果进行的后续试验、开发、应用、推广，直至形成新产品、新工艺、新材料，发展新产业等活动。

评审依据：主要根据科技成果转化列表（汇总表）进行审查，科技成果转化时间必须为近3年期间，并根据科技成果转化项目数量进行打分，具体可参考如下成果（按材料重要性从高到低分为7个等级）：

①专利、软件著作权、版权等；

②科技成果鉴定报告、科技成果奖励证书、项目和产品验收证书、新产品证书等；

③产品检测报告、软件测试报告、产品认证报告等；

④技术评估报告、查新报告等；

⑤用户使用报告、客户反馈意见等；

⑥产品合同及技术服务合同（有具体技术指标要求）；

⑦样品、样机图片。

应该先判断科技成果转化的项数，再考虑其重要性，并进一步打分。

2. 研发组织管理水平（20分）

衡量申请认定企业的科技研发管理能力和水平，为企业创新能力评价中技术专家的主观打分项。

评审依据：主要根据申请认定企业提供的研发组织管理水平说明材料进行评判和打分。对研发组织管理水平进行打分时应考虑申请认定企业的整体科技创新能力。根据企业提供的相关说明材料，同时结合《工作指引》对研发组织管理水平的相关规定，判断证明材料是否有相应制度和证明，即可给分。具体对照分值如下：

①制定了企业研究开发的组织管理制度，建立了研发投入核算体系，编制了研发费用辅助账（≤6分）；

②设立了内部科学技术研究开发机构并具备相应的科研条件，与国内外研究开发机构开展多种形式的产学研合作（≤6分）；

③建立了科技成果转化的组织实施与激励奖励制度，建立了开放式的

创新创业平台（≤4分）；

④建立了科技人员的培养进修、职工技能培训、优秀人才引进及人才绩效评价奖励制度（≤4分）。

这里要注意的是，"研发费用辅助账"需企业提供辅助账的相关证明材料；"科研条件"需企业给出研发中心的设备、设施和人员的相关简介；"产学研合作"协议原则上要提供申请认定企业与具有独立法人资质的科研单位在近3年内签署的合作协议、委托开发合同或者联合承担项目合同书等，可以无经费或与提供相关技术开发的企业合作；"创新创业平台"需申请认定企业提供相关检测服务、孵化器或众创空间等建设简介，或者提供邀请技术或管理专家来申请认定企业开展创业创新指导服务的相关证明等。

（八）企业申请认定前1年内未发生重大安全、重大质量事故或严重环境违法行为

此项为必要条件。

评审依据：主要是根据申请认定企业提供的相关证明材料进行判断和评审，也可以通过相关部门网站进行查询。若有上述相关罚款的，还要查看相关法律规定判断是否为重大或严重。

二、财务专家评审要点解读

财务专家根据《认定办法》和《工作指引》规定的认定条件，对申请认定企业财务方面的指标进行评审，并给出评审意见，特别是要对建议不予通过的申请认定企业，应该给出充足的理由。下面阐述财务专家的评审要点和不予通过理由。

（一）近3年研发费用占比

此项为高新技术企业认定的必要条件。

评审依据：

①查看申请认定企业提供的专项审计报告中研究开发费用，并重新核算近3年研发费用占营业收入（主营业务收入+其他业务收入）的比例

是否达到《认定办法》和《工作指引》的要求。

②重点审查专项审计报告中研究开发费用结构明细表中费用类型和金额归集是否符合《工作指引》要求。例如，其他费用是否超过研究开发费用总额的20%，有委托外部开发费用的要查看研究开发组织管理水平部分的技术开发合同是否符合独立交易原则和技术开发（特别注意不是技术服务费用）及合同时间节点，是否按80%的费用计入研发费用等。

③审查专项审计报告财务编制说明中是否有披露研发费用的归集方法：第一种，成本类科目设置研发支出，分别"资本化"和"费用化"；第二种，管理费用—研发费用科目核算。

④查看专项审计报告财务编制说明中在中国境内发生的研究开发费用总额（不包括委托境外机构或个人完成的研发活动发生的费用）的占比是否超过60%（以专项审计报告和技术开发合同为依据）。

不予通过理由1：通过审查申请认定企业的专项审计报告，发现该企业近3年的研发费用占主营业务收入的比例为$X\%$，根据《工作指引》的定义，销售收入应为主营业务收入与其他业务收入之和。经重新核算后，该企业近3年研发费用总额占同期销售收入总额的比例仅为$Y\%$，根据《认定办法》第十一条相关规定，该企业最近1年销售超过2亿元，近3年研发费用总额占同期销售收入总额比例低于3%。综上所述，该企业不符合高新技术企业认定条件，建议不予通过。

不予通过理由2：通过审查专项审计报告中的研究开发费用结构明细表费用类型，发现该企业的研究费用中的"其他费用"超过20%。另外，其委外费用未按80%计入。根据《工作指引》要求，并经重新核算后，该企业近3年研发费用总额占同期销售收入总额的比例为$X\%$。根据《认定办法》第十一条相关规定，该企业最近1年营业收入超过2亿元，近3年研发费用总额占同期销售收入总额比例低于3%。综上所述，该企业不符合高新技术企业认定条件，建议不予通过。

不予通过理由3：通过审查申请认定企业提供的专项审计报告，发现未披露研发费用在管理费用科目单独核算，仅建立了研发台账，并在此基础上进行专项审计，根据《工作指引》规定，申请认定企业必须设置高新技术企业认定专用研发费用辅助核算账目。该企业不符合高新技术企业认定条件，建议不予通过。

不予通过理由4：通过查看申请认定企业的专项审计报告，发现该报告中披露该申请企业的研究开发费用中 $X\%$ 为境外研究开发费用。根据《认定办法》第十一条相关规定，在中国境内发生的研究开发费用总额的占比要超过 80%。而企业的研究开发费用中境内研究开发费用为 $Y\%$，低于 80%。综上所述，不符合高新技术企业认定条件，建议不予通过。

（二）近1年高新技术产品（服务）收入占比

此项为高新技术企业认定的必要条件。

评审依据：

①查看专项审计报告，重新核算高新技术产品（服务）收入占总收入（收入总额减去不征税收入）的比例是否达到 60%，特别要注意"总收入"的概念。

②审查专项审计报告，重新核算主要产品（服务）的收入占同期高新技术产品（服务）收入的比例是否在 50% 以上。

不予通过理由1：通过审查专项审计报告和近1年年度审计报告，发现该企业近1年高新技术产品（服务）收入占营业收入的比例为 $X\%$，而总收入为收入总额减去不征税收入，经重新核算后，该企业近1年高新技术产品（服务）收入占总收入的比例为 $Y\%$，低于《认定办法》第十一条规定的最近1年高新产品（服务）收入不低于同期总收入的 60%。综上所述，该企业不符合高新技术企业认定条件，建议不予通过。

不予通过理由2：通过审查专项审计报告，报告中披露该企业的主要产品（服务）收入占同期高新技术产品（服务）收入的比例为 $X\%$。根据《工作指引》规定，主要产品（服务）收入占同期高新技术产品（服务）收入的比例应超过 50%。而该企业相应的比例为 $X\%$，低于 50%。综上所述，该企业不符合高新技术企业认定条件，建议不予通过。

（三）各报告（包括汇算清缴表）财务数据的关联性

此项审查的目的是为查看申请认定企业近3年发生的研发费用是否符合高新技术企业认定专用研究开发费用辅助核算账目要求。这里要注意营业成本、管理费用和研发费用3个科目的关系。申请认定企业不需要提供所有附表，仅需提供主表、成本明细表、收入明细表和期间费用明细表即可。

评审依据：

①年度审计报告中"管理费用"与"营业成本科目"和所得税汇算清缴表中"管理费用"与"营业成本"数据是否一致，不一致的应提供相应情况说明，必须要第三方中介机构（审计单位）做情况说明或提供调整分录表（盖章）；年度审计报告中"利润表"和"报表附注"披露的研发费用是否一致（《小企业会计准则》），不一致的应提供相应情况说明，并要求中介机构（事务所）盖章确认。

②审查所得税汇算清缴表中"期间费用明细表"与年度审计报告中"管理费用—研究开发费用"是否相符。不符的要求企业提供情况说明，并要求中介机构（事务所）盖章确认。

③审查年度审计报告与专项审计报告中的"研发费用"的关系，专项审计报告中"研发费用"应小于或等于年度审计报告中"研发费用"。

注意：汇算清缴表中管理费用远小于研究开发费用的（差异较大情形下），建议不予通过。

不予通过理由：通过审查各报告间的关联性及根据企业提供的差异说明：将研发费用误计入生产成本等，可以判定该企业会计核算不规范。在管理费用中核算的研发费用比例不符合《工作指引》要求。专项审计报告从营业成本中调整，根据《会计准则》，营业成本是已经销售的产品成本，对应的是销售收入，收入与成本是匹配的，不可能把已经销售的产品退回。研发成本为产品销售前的成本，应在管理费用科目列支。该企业将研发费用误计入生产成本的金额为 X 万元，应予剔除。经重新核算后，该企业近 3 年研发费用总额为 Y 万元，占同期销售收入之比不符合《认定办法》研发费用比例的要求。综上所述，该企业不符合高新技术企业认定条件，建议不予通过。

（四）进行持续具有目标的开发活动

审查研究开发费用是否有持续性，例如，2013 年成立，仅有 2015 年发生研发费用的企业，要提供情况说明。

(五）企业成长性指标（20 分）

成长性指标项是财务专家对企业成长进行评审的客观打分项。财务专家应根据年度财务会计报告为依据，重新核算企业近 3 年年净资产和销售收入（主营收入 + 其他业务收入），不到 3 年的，按实际经营年限核算。重新计算的百分比根据《工作指引》进行打分。

第7章 认定后的监督与管理

高新技术企业认定通过后，可以享受减按15%缴纳所得税的优惠政策，但《工作指引》也对高新技术企业认定通过后的监督与管理提出了要求。本章主要对已认定为高新技术企业的企业如何办理税收减免手续、持续提升创新能力、企业更名和年报网上申报方法等认定后监督与管理相关事项进行阐述。

一、办理税收减免手续

申请认定企业在高新技术企业认定获得审批后，就可以到当地所得税主管税务部门办理税收减免手续。办理时需提交纸质资料减免税审批申请表（表7-1）一式两份和高新技术企业证书复印件一份。

填表说明：

① 本表适用于纳税人办理减免税备案事项；

② "纳税人识别号"：填写税务机关赋予的纳税识别号；

③ "纳税人名称"：单位填写纳税人单位名称全称，个人填写纳税人姓名；

④ "税（费）种"：填写办理减免税政策备案相应税（费）种；

⑤ "减免政策依据"：填写享受减免税政策文件名称及文号；

⑥ "减免项目"：填写享受的减免税政策具体条款、内容；

⑦ "减免期限起"：填写享受减免税政策起始时间；

⑧ "减免期限止"：填写享受减免税政策终止时间，如无终止时间，无须填写；

⑨ "附报资料"：填写减免税政策文件或税务机关规定办理本项减免税备案事项所需纳税人提供的附报资料名称；

⑩ "减免性质代码及名称"：填写税务机关统一编制的减免性质代码

表 7-1 纳税人减免税备案登记表

纳税人识别号	91010000AB00CDE000			纳税人名称	×××××××××公司			
	以下由纳税人填写					以下由税务机关填写		
税(费)种	减免政策依据	减免项目	减免期限起	减免期限止	减免性质代码及名称	优惠事项代码及名称	减免方式代码及名称	减免申报填报类型代码及名称
增值税	《国家税务总局关于×××通知》财税(2016)×××号	第××条项目：减免企业所得税	2016-01-01	2016-12-31	000000×××	(对应优惠事项)	减免10%	(对应减免类型)

附报资料：

纳税人(签章)：
法定代表人(负责人)：
经办人： 年 月 日

受理税务机关(章)：
受理人(签章)： 年 月 日

本表为 A4 横式，一式两份，一份纳税人留存，一份税务机关留存。

及名称；

⑪ "优惠事项代码及名称"：依据纳税人的减免项目填写税务机关统一编制的优惠事项代码及名称；

⑫ "减免方式代码及名称"：依据纳税人的减免项目填写税务机关统一编制的减免方式代码及名称；

⑬ "减免申报填报类型代码及名称"：依据纳税人减免项目，并结合申报减免栏次，填写税务机关统一编制的减免申报填报类型代码及名称。

二、提升科技创新能力

成为高新技术企业是对企业已有成绩的充分肯定，也对企业发展提出了新的要求。企业只有不断开发新技术、新工艺、新产品，掌握核心关键技术，才能在激烈的市场竞争中立于不败之地。认定通过的高新技术企业，在用足、用好国家鼓励自主创新优惠政策的同时，必须继续按照高新技术企业认定的要求，继续不断加大科技投入，提升科技创新能力和综合竞争力，实现企业又好又快发展。

（一）持续开展科技创新活动

规模较大的高新技术企业要把握世界经济和科技发展趋势，瞄准行业和领域前沿技术，持续开展科技创新活动，不断开发出具有高技术水平和竞争优势的新产品，力争在国内外市场竞争中保持领先地位。中小型高新技术企业要进一步加强产学研合作，针对产品开发和升级中的关键技术开展联合研究，不断提高产品的技术层次和附加值，逐步提升在行业中的地位。

（二）重视人才培养引进

有条件的企业特别是规模较大的高新技术企业要瞄准国际技术前沿，花大气力引进国内外高端人才特别是重点引进高水平海外留学归国人员和团队。对在企业工作的高端人才，企业要建立健全引人、用人和育人机制，确保人才引得进、留得住、用得好。各级政府的有关人才计划要向企业倾斜，对高新技术企业引进的高端人才在同等条件下要优先给予支持。

（三）加快研发机构建设

研发机构建设是高新技术企业发展的重要条件。规模较大的重点高新技术企业应当率先建设企业研究院、重点实验室和博士后工作站等高水平企业研发机构，争取创建国家工程技术研究中心和国家重点实验室等国家级研发机构，加强与国内外一流的高等院校和科研院所建立紧密的合作关系，动态跟踪国内外的前瞻性研究和技术进展情况，不断增强研发机构的科研实力。中小型高新技术企业要加强与高等院校、科研院所的产学研合作，建立企业高新技术研发中心，引进和培养企业研发人员，改善企业科研条件，为企业发展提供科技支撑。

（四）重视知识产权保护

拥有自主知识产权的核心技术是影响企业核心竞争力的关键，更是决定企业能否实现可持续发展的一个重要因素。企业要非常重视知识产权的创造、保护、管理和应用。高新技术企业要成为知识产权保护的典范，要在生产经营、科技创新活动中，开发、申请、拥有专利技术、软件著作权等，特别是发明专利，还要积极参与或主持国际标准、国家标准和行业标准的制定，努力打造知名品牌。

三、准备后期备查材料

根据《工作指引》，科技部、财政部、国家税务总局会根据工作需要组织专家对各地高新技术企业认定管理工作进行重点检查，对存在问题的视情况给予相应处理。同时，有关部门在日常管理过程中发现认定通过的高新技术企业若有不符合认定条件的，会随时提请认定机构进行复核。复核后确认不符合认定条件的，由认定机构取消其高新技术企业资格，并通知税务机关追缴其不符合认定条件年度起已享受的税务优惠。审计部门也会在对地方经费使用审计过程中延伸对高新技术企业所得税优惠政策执行情况进行审计。因此，对认定通过的高新技术企业必须继续按照高新技术企业认定条件的要求，随时准备上级有关部门莅临检查的相关材料。认定通过的企业必须对通过网络提交的高新技术企业认定申请书及各种附件材料的真实性负责,并应该准备各项相关证明材料。

四、重大变化事项报告

企业在认定通过后遇到变更、合并、搬迁、重大处罚等重大变化事项时,必须要向当地高新技术企业认定机构进行报告。由当地认定机构根据企业报告情况,必要时邀请相关专家对其进行相关事项核实和判断。

(一)变更

高新技术企业名称变更可分为简单更名和复杂更名2类,简单更名是指企业经营业务、生产技术活动未发生重大变化的名称变更,复杂更名是指企业经营业务、生产技术活动发生重大变化的名称变更。高新技术企业在发生名称变更或与认定条件有关的重大变化(如分立、合并、重组及经营业务发生变化等)之日起3个月内向认定机构报告,并在"高新技术企业认定管理工作网"上提交《高新技术企业名称变更申请表》,并将打印出的《高新技术企业名称变更申请表》与相关证明材料报认定机构,由认定机构负责审核企业是否仍符合高新技术企业条件。

1. 操作步骤

第一步,利用申请认定时的账号和密码登录"高新技术企业认定管理工作网"(www.innocom.gov.cn)。在登录申报界面的企业信息注册登记项下进行更名申请操作,在线填写高新技术企业名称变更电子申请书;

第二步,填写完毕后提交,经市、县(市)高新技术企业认定工作办公室初审通过后点击"打印";

第三步,上交装订的纸质材料(签字并加盖公章)。

2. 名称变更提交的纸质材料

(1)简单更名

简单更名的高新技术企业需要提交以下材料:

①高新技术企业名称变更申请书;

②工商管理部门出具的核准变更通知书及其他名称变更证明文件;

③企业更名前后的营业执照副本和组织机构代码证复印件;

④原高新技术企业证书复印件;

⑤核心自主知识产权权属人名称变更证明材料（若不能及时提供知识产权变更材料，须提供办理知识产权变更有关证明材料，自完成企业工商更名之日起3个月内补充报送完整材料）。

（2）复杂更名

复杂更名的高新技术企业除需要上面①~⑤项材料外，还需要提交如下材料，其中，②~④项材料在变更后下一年第一季度内提交：

①企业名称变更当年的人员情况说明（包括名称变更前后企业职工总数、技术人员数、研发人员数及其所占比例）；

②企业名称变更当年的年度研发项目情况表和高新技术产品（服务）情况表；

③经具有资质中介机构审计的企业名称变更当年的年度财务审计报表（包含资产负债表、利润及利润分配表、现金流量表）；

④经具有资质中介机构审计的企业名称变更当年的年度研究开发费用和高新技术产品（服务）收入专项审计报告。

3. 材料要求

以上材料一式一份，封面须加盖企业公章，并经当地认定机构成员单位（科技、财政和税务部门）审核盖章。

（二）合并

合并主要存在如下3种情况：第1种，高新技术企业兼并高新技术企业；第2种，高新技术企业兼并非高新技术企业；第3种，非高新技术企业兼并高新技术企业。对于第1种情况，高新技术企业兼并高新技术企业，两家高新技术企业都应向当地认定机构和主管税务部门进行汇报，并提交高新技术证书、审计报告、合并后的营业执照、相应的股本结构等相关证明材料，这种情况下合并后仍可享受所得税优惠政策，被合并的企业不得享受相应的优惠政策；而对于第2和第3种合并情形，合并后不能享受所得税优惠政策，但可按照高新技术企业《管理办法》要求，重新向当地机构提出认定申请。在重新认定批准前，当年不准享受所得税优惠政策。

（三）搬迁

跨认定机构管理区域整体搬迁的高新技术企业，在其高新技术企业资格有效期内完成搬迁的,其资格继续有效;跨认定机构管理区域部分搬迁的,由迁入地认定机构按照《管理办法》重新认定。跨认定机构管理区域整体搬迁的高新技术企业须向迁入地认定机构提交有效期内的《高新技术企业证书》及迁入地工商等登记管理机关核发的完成迁入的相关证明材料。完成整体搬迁的,其高新技术企业资格和《高新技术企业证书》继续有效,编号与有效期不变。由迁入地认定机构给企业出具证明材料,并在"高新技术企业认定管理工作网"上公告。

(四) 处罚

对于已认定的高新技术企业在申请过程期间,高新技术企业认定申请材料存在严重弄虚作假行为的,一经查实,将由认定机构根据《管理办法》和《工作指引》进行处理,自行为发生之日所属年度起取消高新技术企业资格。对于已认定的高新技术企业在申请过程或享受税收优惠期间,发生重大安全、重大质量事故或严重环境违法行为并受到县级安全生产监督、质量技术监督和环境保护等部门处罚的,认定通过的企业必须在发生处罚之日起1个月之内向当地认定机构报告,对隐瞒不报的,认定机构将进行严肃处理。当地认定机构依据有关部门法律法规出具的意见对受到处罚的高新技术企业进行判定处理。对情节严重的,认定机构在征询相关部门意见后可以取消自处罚发生之日所属年度起的高新技术企业资格,并在"高新技术企业认定管理工作网"上公告。对于取消高新技术企业资格的企业,按照《税收征管法》及有关规定,追缴其自发生上述行为之日所属年度起已享受的高新技术企业税收优惠。

五、年报申报

企业获得高新技术企业资格后,在其资格有效期内应于每年5月底前通过"高新技术企业认定管理工作网",报送上一年度知识产权、科技人员、研发费用、经营收入等年度发展情况报表,参考格式如表7-2所示;在同一高新技术企业资格有效期内,企业累计2年未按规定时限报送年度发展情况报表的,由认定机构取消其高新技术企业资格,并在"高新技术企业认定管理工作网"上公告。

表7-2 ××××年度高新技术企业发展情况报表

企业名称		×××××××公司	
组织机构代码/统一社会信用代码	×××××××	所属地区	××××
高新技术企业认定证书编号	×××××××	高新技术企业认定时间	20××年
企业联系人	张三	联系电话	13×××××××××
本年度获得的知识产权数（件）	发明专利	（填数量）	其中，国防专利	（填数量）
	植物新品种	（填数量）	国家级农作物品种	（填数量）
	国家新药	（填数量）	国家一级中药保护品种	（填数量）
	集成电路布图设计专有权	（填数量）	实用新型	（填数量）
	外观设计	（填数量）	软件著作权	（填数量）
本年度人员情况（人）	职工总数	200	科技人员数	30
	新增就业人数	20	其中，吸纳高校应届毕业生人数	10
企业本年度财务状况（万元）	总收入	10 000	销售收入	9000
	净资产	20 000	高新技术产品（服务）收入	7000
	纳税总额	3000	企业所得税减免额	100
	利润总额	1000	出口创汇总额（万美元）	
	研究开发费用额	400	其中	在中国境内研发费用额	
				基础研究投入费用总额	
企业是否上市	□是 □否	上市时间	
股票代码		上市类型	

注：以上信息应按《高新技术企业认定管理办法》和《高新技术企业认定管理工作指引》的规定填报。

对企业年报指标填报说明如下。

（一）本年度获得的知识产权数（件）

为年度1月1日至12月31日授权且有效的各类知识产权，具体包括：发明专利（其中，国防专利）、植物新品种、国家级农作物品种、国家新药、国家一级中药保护品种、集成电路布图设计专有权、实用新型、外观设计、软件著作权。

（二）本年度人员情况（人）

①请按照新的《管理办法》和《工作指引》规定填报。

②职工总数：a. 全年工作183天以上的；b. 最好以报税务局人数为依据；c. 计算方法，企业当年职工总数、科技人员数均按照全年月平均数计算。

$$月平均数 = （月初数 + 月末数）\div 2$$
$$全年月平均数 = 全年各月平均数之和 \div 12$$

③科技人员数：占企业当年职工总数的比例不低于10%。

（三）企业本年度财务状况（万元）

①纳税总额：是指企业当年实际上缴各项税金总额。

②企业所得税减免额：按照企业所得税年度纳税申报表的口径计算（所得税年度纳税报表上数据）。

③研究开发费用额：按照研发费用3年专项审计或鉴证报告数据填写。

④高新技术产品（服务）收入：按照高新技术产品（服务）收入专项审计或鉴证报告数据填写。企业所得税纳税申报表（A107041表）也可以得到。

⑤总收入：总收入是指收入总额减去不征税收入。收入总额与不征税收入按照《中华人民共和国企业所得税法》及《中华人民共和国企业所得税法实施条例》的规定计算。

⑥销售收入：销售收入为主营业务收入与其他业务收入之和。主营业务收入与其他业务收入按照企业所得税年度纳税申报表的口径计算。

在正常管理期内的高新技术企业，请慎重填写，务必确保"（三）企业本年度财务状况（万元）"中的各项指标要与日后申请时保持口径一致。

第8章 有关问题解答

在高新技术企业认定申请的实际过程中,往往会产生涉及认定材料、证明材料、税收优惠、网络申报和中介机构等方面的问题。本章按照《认定办法》和《工作指引》等相关文件的精神,根据我们在高新技术企业认定申请工作过程中的多年实践经验,就有关问题进行解答。

一、关于认定条件

(一)年限

(1)须注册成立1年以上的计算依据是什么?

答:企业须注册成立365个日历天数以上,申请认定企业营业执照上的注册时间与申请认定通知文件规定申报截止日期的间隔必须大于365个日历天数。

(2)认定条件中的"当年""最近1年""近1年"是指什么?

答:企业申报前1个会计年度。例如,2017年申报,具体指2016年整个会计年度。

(3)认定条件中的"近3个会计年度"是指什么?

答:企业申报前的连续3个会计年度(不含申报年)。例如,2017年申报,具体指2014—2016年3个会计年度,未到3年的按实际年限计算。

(4)认定条件中的"申请认定前1年内"是指什么?

答:申请前的365天之内(含申报年)。例如,申请认定通知文件为2017年8月1日申请截止,那么应该在2016年8月1日至2017年8月1日不能有重大安全、重大质量或严重环境违法的处罚。

(二) 知识产权

（1）国外的发明专利等知识产权是否可在高新技术企业申请认定时使用？

答：根据《工作指引》相关规定，国外知识产权不能作为知识产权相应的认定要求，但可作为科技成果转化或企业的技术水平获得的阶段性成果。

（2）我公司股份制改造后，是否要对已有专利进行变更？

答：申请企业在公司名称变更后，但知识产权权属人未进行变更的，其知识产权权属人不能确定为名称变更后的申请认定企业，即在认定时不能计入，因此，公司在股份制改造后，已有专利需要进行变更。

（3）我公司没有发明专利，是否可申请认定为高新技术企业？

答：发明专利为Ⅰ类知识产权，没有发明专利但若有其他类别知识产权也可申请认定为高新技术企业，但在企业自主创新能力评价中相应的知识产权分数会相对偏低。

（4）我公司在上一次申请认定时已使用过的知识产权，在重新认定时是否可使用？

答：重新认定企业对于之前使用过的Ⅱ类知识产权不能计入，即不能继续使用，但Ⅰ类知识产权可重复使用。

（5）我公司申请的专利，其权属人都为2个单位，另一个权属人为子公司，该专利已经被子公司在申请认定时使用，我公司现在申请认定时还能使用吗？

答：根据《工作指引》相关规定，无论是Ⅰ类还是Ⅱ类知识产权都不允许2个权属人同时或重复使用。

（6）我公司申请认定高新技术企业时，是否只有拿到专利证书后才可申报？

答：授权通知书或授权证书都可计入，但必须缴纳年费且保证申请认定通过后未来3年内（重新认定前）有效。

（7）《认定办法》中"获得对其主要产品（服务）在技术上发挥核心支持作用的知识产权的所有权"这句话是如何理解的？

答：对高新技术产品（服务）竞争优势发挥核心支持作用的关键技

术获得知识产权,且其所有权归申请认定企业所有。

(三) 技术领域范围

(1)《认定办法》中"高新技术产品(服务)"和"主要产品(服务)"是如何理解的?

答:经技术专家评审,对产品(服务)的竞争优势发挥核心支持作用且符合《技术领域》最细一级技术领域要求的,这样的产品(服务)称为高新技术产品(服务);主要产品(服务)是指拥有知识产权的高新技术产品(服务),在认定时近1年主要产品(服务)占同时高新技术产品(服务)的收入必须超过50%。

(2)产品(服务)的核心技术所属《技术领域》规定的范围,技术专家是如何判断的?

答:第一,高新技术产品(服务)情况表(PS情况表)的关键技术、与同类产品的竞争优势和技术指标三者间必须存在前后因果关系;第二,高新技术产品(服务)情况表(PS情况表)中对"关键技术"的描述是否符合《技术领域》里最细一级技术领域的要求。符合以上2点,技术专家将评审为高新技术产品(服务)。

(四) 科技人员

(1)《工作指引》中"兼职、临时聘用人员全年须在企业累计工作183天以上",这个183天是自然日,还是工作日?

答:自然日。

(2)《工作指引》中关于科技人员要求"累计实际工作时间在183天以上的人员",如何理解?

答:申请认定前1年的年底为计算基准。例如,2017年申报,考察2016年1月1日—2016年12月31日整年度的累计实际工作时间为183天以上,可通过考勤表和工资表来判断。

(3)如果企业月初科技人员数为20人,月末时为22人,其中,2名是新进人员,那么在统计月平均人数时,是不是能把这新来的2名算进去?

答:首先应按照《工作指引》中对"科技人员"的定义判断2名新

进人员是否符合统计要求，如果符合，则可以计入当月平均人数，反之则不可计入。

（4）临时聘用人员包含劳务派遣人员吗？

答：不包含。

（5）企业提交的材料中，科技人员名单是否按照申请认定时上一年年底的人数提供？

答：可以的，但科技人员名单应按照符合《工作指引》中定义，并且按照已计入科技人员的人员总数提供，包括申请认定前1年内累计实际工作时间在183天以上的在职、兼职和临时聘用人员。

（五）研发费用

（1）企业2015年研发费用资本化支出形成无形资产，在2017年申请高新技术企业认定时，能否计算入2014—2016年的研发费用投入？

答：研发费用资本化支出形成无形资产，可以根据《会计准则》规定按无形资产摊销费用计入研发费用。

（2）年度审计报告的管理费用、营业成本等科目与同期所得税年度纳税申报表数据不一致，如何处理？

答：应如实提供相应的差异说明，并加盖事务所公章。

（3）视同销售能否算作企业的销售收入？

答：参照《中华人民共和国企业所得税法实施条例》及《关于企业处置资产所得税处理问题的通知》（国税函〔2008〕828号）等文件的规定进行确认。

（4）研发费用占销售收入总额的占比，其中，销售收入计算口径是什么？

答：销售收入为主营业务收入与其他业务收入之和，主营业务收入与其他业务收入按照企业所得税年度纳税申报表的口径计算。

（5）五险一金和外聘科技人员的劳务费用是否可以计入研发费用？

答：可以。

（6）已认定为高新技术企业的企业，是否每年的研发费用都要达到相应的比例要求？

答：根据《工作指引》"五、监督管理—（三）复核"的要求，应以问题所属年度和前 2 个会计年度的研发费用总额占同期销售收入总额之比是否符合比例要求进行考察。

（六）高新技术产品（服务）收入

(1)"总收入"的概念如何理解？

答：总收入是指收入总额减去不征税收入，包括主营业务收入、其他业务收入、营业外收入等所有征税收入。收入总额与不征税收入按照《中华人民共和国企业所得税法》及《中华人民共和国企业所得税法实施条例》的规定计算。

(2) 高新技术产品（服务）收入如何正确归集？

答：第一，要按照技术特点、性能或竞争优势分类后进行归集；第二，发票名称或备注栏应注明高新技术产品（服务）名称，并按要求进行成本单独核算；第三，以台账方式对高新产品（服务）进行归集，且做好相应的仓库出库分类，如成品出库单等；第四，财务账根据仓库的出库单按要求在主营业务收入科目进行分类归集。

(3) 我公司已认定为高新技术企业，高新技术产品（服务）是否每年都要达到相应的比例要求？

答：在《认定办法》或《工作指引》中都未明确规定。但已认定为高新技术企业的企业尽量每年都达到 60% 以上。

（七）企业创新能力评价

(1) 技术诀窍是否能作为科技成果转化的依据？

答：不可以。

(2)"建立开放式的创新创业平台"具体是指什么？

答：是指提供公共服务的平台，包括企业创建的众创空间和检验检测中心等公共服务平台，对企业邀请相关技术专家来企业开展创新创业讲座，也可以是开放式创新创业平台的内容。

(3)"与国内外研究开发机构开展多种形式的产学研合作"中的研究开发机构是否专指高等院校？企业是否可以成为产学研合作的对象？

答：研究开发机构不专指高等院校，也包含科研院所和高科技企业等含有开展研究开发活动内容的企事业单位。

(4) 多个成果转化成 1 个产品或服务，能否算作多次转化？

答：几个成果转化的就计算转化几次，但同一成果转化不同产品或服务的只能计算 1 次。

(5) 刚刚注册成立满 1 年的企业申请认定高新技术企业，成长性指标得分如何计算？

答：按 0 分计算。

(6) 企业近 3 年净资产和销售收入为负值，如何计算企业成长性指标？

答：负值按 0 分计算。

二、关于证明材料

(1) "知识产权相关材料"中的"反映技术水平的证明材料"具体包括哪些材料？

答："反映技术水平的证明材料"是指知识产权证书后面的专利说明页。

(2) "研发活动说明材料"是指什么？

答：研发活动是评判高新技术企业的重要指标，需要企业提供做了哪些研发活动的说明，如项目立项证书、成果验收报告、查新报告、专利等研发活动的辅助证明材料。

(3) "科研项目立项证明"对已验收或结题项目要求的验收或结题报告，是必需的吗？

答：是必需的。

三、关于中介机构和专家

(1) 企业如何判断中介机构符合《工作指引》中规定的条件？

答：企业有权利要求中介机构出具符合条件的证明，可以通过咨询当地财、税部门进行确认或核实。

(2) 中介承担任务当年符合《工作指引》中规定的人员比例要求，但任务完成后人员比例不达标，此中介机构出具的审计或鉴证报告是否还有效?

答：中介机构出具审计或鉴证报告时符合《工作指引》中规定的条件要求，其出具的审计或鉴证报告就有效。

（3）外省中介机构的条件如何确认？

答：企业无论选择本省还是外省的中介机构，都需要满足《工作指引》中对中介机构的条件要求，企业有权利要求外省中介机构出具符合条件的证明，或者咨询当地财、税部门。

（4）中介机构条件中"全年月平均在职职工人数在 20 人以上"是否含 20 人？

答：包含 20 人。

（5）对中介机构纪律中"严重失误"如何界定？

答："严重失误"是指中介机构因非主观故意产生的违反行业管理规定，并对企业申请高新技术企业认定造成严重不利后果的错误。

（6）财务专家评审表中的定性评价指标，是否是一票否决项？

答：不是。

四、关于税收优惠享受

（1）认定为高新技术企业后，什么时候可享受税收优惠政策？

答：当年起 3 年之内可以享受税收优惠政策。

（2）企业获得高新技术企业资格后，是否还需经税务机关审批才能享受税收优惠？

答：为落实国务院简政放权、放管结合、优化服务要求，国家税务总局 2015 年下发了《关于发布〈企业所得税优惠政策事项办理办法〉的公告》，明确企业所得税税收优惠一律实行备案管理方式。企业在获得高新技术企业资格后，原则上不需经过税务机关审批，按照要求备案即可享受税收优惠。

五、关于监督管理

（1）企业获得高新技术企业资格后，在资格有效期内还需报送资料吗？

答：为强化认定后续管理，《工作指引》新增了企业在获得资格后每年报送年度发展情况报表的要求，即企业获得高新技术企业资格后，应于每年5月底前在"高新技术企业认定管理工作网"填报上一年度知识产权、科技人员、研发费用、经营收入等年度发展情况报表。

（2）跨认定机构管理区域搬迁的高新技术企业需要重新认定吗？

答：为解决跨认定机构管理区域搬迁的高新技术企业重复认定的问题，《管理办法》明确跨认定机构管理区域整体搬迁的高新技术企业，在其高新技术企业资格有效期内完成搬迁的，其资格继续有效；跨认定机构管理区域部分搬迁的，由迁入地认定机构按照认定办法重新认定。

（3）哪些情况将被取消高新技术企业资格？

答：已认定的高新技术企业有下列行为之一的，由认定机构取消其高新技术企业资格：

①在申请认定过程中存在严重弄虚作假行为的；

②发生重大安全、重大质量事故或严重环境违法行为的；

③未按期报告与认定条件有关重大变化情况，或累计2年未填报年度发展情况报表的。

（4）企业被取消高新技术企业资格后，税务机关从何时开始追缴已享受的税收优惠？

答：对被取消高新技术企业资格的企业，由认定机构通知税务机关按《税收征收管理法》及有关规定，追缴其自发生取消高新技术企业资格行为之日所属年度起已享受的高新技术企业税收优惠。

（5）税务机关在日常管理过程中，发现企业不符合认定条件的，将如何处理？

答：根据《管理办法》第十六条的规定，税务机关对已认定的高新技术企业，在日常管理过程中发现其不符合认定条件的，应提请认定机构复核。复核后确认不符合认定条件的，由认定机构取消其高新技术企业资格，税务机关在接到认定机构通知后，追缴其自不符合认定条件年度起已享受的税收优惠。

（6）高新技术企业发生更名或与认定条件有关的重大变化的，需履行什么手续？

答：高新技术企业发生更名或与认定条件有关的重大变化的，如分立、合并、重组及经营业务发生变化等，应在3个月内向认定机构报告。经认定机构审核符合认定条件的，其高新技术企业资格不变，对于企业更名的，重新核发认定证书，编号与有效期不变；不符合认定条件的，自更名或条件变化年度起取消其高新技术企业资格。

（7）如何对虚假申报高新技术企业的公司进行举报？

答：根据《管理办法》第八条第三款的规定，地方认定机构"负责对已认定企业进行监督检查，受理、核实并处理有关举报"。地方认定机构是由各省、自治区、直辖市、计划单列市科技主管部门、财政和税务部门组成，各组成单位的门户网站均设有独立的举报信息或电话，对虚假申报高新技术企业的公司，可联系地方认定机构进行举报。

六、关于网络填报

（1）企业基本信息里的注册资金单位是按元还是按万元填写？

答：单位是万元。

（2）勾选"核定征收"或"查账征收"以哪年为准？

答：以申请认定前1年为准。

（3）高新技术企业认定申请书"主要情况"表中"基础研究投入费用总额"指的是什么？如何填写？

答：基础研究投入费用是指企业在开展基础科学研究方面投入的研发费用，按实际发生情况填写费用金额。

（4）企业遇到问题应该咨询哪个部门？从哪里可以看到相关部门的联系方式？

答：在高新技术企业认定管理工作网（www.innocom.gov.cn）左下角有各地方认定机构的联系方式，企业登录系统后右上角也可能设有各地方认定机构的联系方式，企业遇到填报问题可联系所在地方认定机构进行咨询。

（5）企业要想申请成为高新技术企业，该如何操作？

答：高新技术企业认定遵循《管理办法》及《工作指引》的有关规定，在了解相关政策和程序基础上，企业可登录高新技术企业认定管理工作网（www.innocom.gov.cn）进行相关信息填报。

①网站右上方设有"企业申报"入口，首次登录需先进行用户注册；

②新注册用户需及时登录系统，在企业注册信息管理模块下完善企业注册信息；

③填写完基本信息完善表后，要按照保存、打印、选择地方认定机构并提交的顺序操作，提交之后由地方认定机构审核、激活，只有在激活之后才能进行高新技术企业认定申报材料的填写等操作。

（6）企业用户名、密码忘记了怎么办？

答：企业可进入"企业网上申报"界面，点击认证码后面的"密码找回"，按要求准确填写企业相关信息，通过查收企业注册邮箱中收到的网址链接，找回用户名和重置密码。

①系统会将企业登录用户名和重置密码的链接一起发送到企业注册邮箱里，如果忘记注册邮箱请联系地方认定机构进行重置；

②重置密码的链接发至企业注册邮箱后，如果企业在30分钟内没有点击该链接，则链接地址会失效，需重新找回；

③如果出现"企业信息不存在"提示，说明找回密码时输入的几个信息有误，与企业注册时填写的不一致，请联系地方认定机构核对相关信息。

（7）企业在密码找回过程中，邮箱收到的链接打不开怎么办？

答：企业需复制完整的链接地址，粘贴到浏览器地址栏打开即可。

（8）企业注册时提示注册信息已存在，是什么原因？

答：该企业名称、法人代码、税务登记号或统一社会信用代码已被注册使用，请直接登录。如忘记企业用户名、密码，请参照前述内容进行找回。

（9）不在申报期省份的企业可以在系统上注册吗？

答：可以。可通过点击其他开放申报权限的省份进入登录页面，进行注册。

（10）企业注册信息或名称发生了变化，进行更改需要走什么流程？

答：企业登录系统后，可在企业注册信息管理模块中进行信息修改或更名操作。

①企业基本信息修改的内容不需要地方认定机构审核，企业可直接修

改保存；

②企业核心信息修改或更名操作需要提交地方认定机构审核，并按照所在地区规定报送相关纸质材料；

③企业变更认定机构时，可在企业注册信息管理模块下进行操作，并及时联系原认定机构请求处理。

（11）企业在系统中注册过账号，并已被认定机构激活，是否还能注册新的账号？

答：不能。

（12）企业在填写信息完善表中，组织机构代码、税务登记号或统一社会信用代码能不能修改？

答：只有在认定机构激活该企业的账号后，企业才可通过核心信息修改进行变更。

（13）为什么我们的企业无法进行企业注册信息修改和更名操作？

答：当企业进行信息修改或者更名操作时，系统出现"×××正在处理中"的提示信息，是因为企业有高新技术企业申报材料或者企业年报材料正在处理中。

（14）提交注册信息、申报材料、年报材料后，为何一直显示正在处理中？

答：企业提交的材料正在审核中，请联系地方认定机构进行处理。

（15）提交注册信息、申报材料、年报材料时，提示"保存版本与打印版本不一致"是什么原因？

答：系统自动校验填写材料和提交材料的一致性，请按照保存—打印—提交认定机构的顺序完成操作。

（16）为什么我们的企业不允许进行高新技术企业申报操作或填写企业年报操作？

答：当企业点击高新技术企业认定申报或企业年报模块时，系统出现"×××正在处理中"的提示信息，是因为企业有核心信息修改或更名等其他业务正在处理中。

（17）企业已经保存年报数据并提交，但想修改，应该怎么操作？

答：由所属认定机构进行不通过处理，并发送，就可以退回给企业重新填报。

（18）企业填报时没有填年报的模块？

答：一是企业登录的这个账户未激活，或者注册了多个账户，目前登录的这个不是申报高新技术企业时使用的账户，请使用密码找回功能找回正确用户名和密码；二是企业还未获得高新技术企业证书，或者高新技术企业证书过期。

（19）企业填写年报时无法保存？

答：确认填写时是否有错误（错误信息会有红线提示）；请更换浏览器（谷歌或火狐）进行操作。

（20）企业可以看到相关工作进展吗？

答：企业通过查询审批进度模块，可以查看所办理业务的审核进度、处理意见等工作进展。

（21）认定机构已经审核企业的更名信息，也点击了发送按钮，为何依然反映一直处于正在审核的状态？

答：系统中提供"更名汇总表"的功能，将需要更名的企业分批次管理。认定机构点击发送按钮后，其实审核意见并未返回给企业，而是被发送到了更名汇总表中，需要认定机构在该汇总表中再次点击发送。

（22）未激活的企业发生更名，流程怎样操作？

答：未激活的企业直接进行注册信息修改，无须走更名流程。

（23）申报信息审验（受理）里的意见不通过和退回有何区别？

答：不通过是指企业未达到申报高新技术企业的资格，并且当年不得再次申报高新技术企业；退回是指认定机构将申报材料退回企业，企业修改后还可以重新提交申请。

（24）以前高新技术企业材料中都有企业承诺书，现在申报通知中没做要求，但是在《工作指引》中申请书那页是有声明需要法人签字盖章的，现在该怎么做？

答：现在把签字盖章放到申请表第1页了，然后声明在第2页。

（25）知识产权编号是按"IP01""IP02"来编，还是根据专利证书左上角的证书号来编？

答：因为在填写企业研发活动情况和上年度高新技术产品（服务）情况表时需要选择知识产权编号，所以知识产权编号是作为系统内的一种辨识方式，IP代表知识产权，01、02为顺序号。

（26）非高新技术企业更名，在系统中怎么操作？建立批次需要标注非高新技术企业批次吗？

答：非高新技术企业更名和高新技术企业更名唯一的区别为：非高新技术企业更名不需要填写更名申请表，在系统中也不用打印，其他所有流程跟高新技术企业的操作完全相同。批次的名称是人为建立的，用来辅助工作。如果想区别高新技术企业和非高新技术企业的更名，建立批次时标注非高新技术企业就可以，不标注也没问题。

（27）一个研发项目或一个高新技术产品（服务）对应多个知识产权的情况，如何多选知识产权？

答：按住 Ctrl 可以选择多个。

（28）企业申报首页选择主要技术领域只能选 1 个，假如后面企业高新技术产品（服务）涉及多个技术领域，还可以选择吗？

答：企业产品多，可以选择多个领域，但是主打产品的领域要和主要领域一致，研发也一样。

（29）企业注册时认定机构填到其他省了，如何调整？

答：这种情况企业自身无法操作，目前信息完善表里只开放三级区域，如果一级区域都填写错误的话，是需要后台程序员删除数据的。删除数据需所在区域省科技厅填表反馈中心后台进行操作，并留存记录。

（30）企业填写高新技术企业申报材料，为何打印时显示"您的账号尚未激活，请联系当地认定机构"？

答：企业需要检查自己的账户状态是否激活。

（31）用户激活是什么意思？

答：企业通过注册获得了用户名和密码，只是表明可以登录进入系统，并不是说可以申报高新技术企业；若想获得申报业务，还需激活账户。具体做法：在企业注册信息管理里认真填写信息完善表，提交认定机构，审核通过后才算激活。

（32）如何快速判别自己的账户是否处于激活状态？

答：未激活时，企业注册信息管理里只有 1 个选项"企业信息完善表"；激活后，该项有 4 个选项"企业基本信息修改""企业核心信息修改（更名）""变更认定机构"和"异地搬迁"。所以，无论在任何时刻，如果企业用户的企业注册信息管理里只有 1 项时，就说明是未激活状态。

（33）想进行更名和核心信息修改，打开页面，文本框里无法输入？

答：进行修改时，企业用户需点击需要修改项前方的小正方形，则该项就可以进行填写了，否则是不可以编辑的。如果不修改该项，前方的小正方形要勾掉，否则提交时系统会提示警告。

（34）提交申报材料时提示不在申报接受批次时间内？

答：认定机构在申报批次管理内设置的时间段就是企业提交高新技术企业材料的时间。如果超过了这个时间，则企业就不可以提交材料了。请随时关注认定机构通知的申报材料提交时间。

（35）认定机构如何分配权限给操作员？

答：①在认定机构账户管理里新建操作员，并给该操作员相应的业务权限；②在认定工作授权里，相应的业务权限下分配更详细的操作。

（36）企业在填写申报材料后，点击了保存、打印，在提交前修改了核心信息或者更名，造成提交材料与变更后信息不符，如何处理？

答：这种情况需要企业重新保存材料，重新打印新版本。

（37）系统注册时间较早且仍在使用的企业用户，技术领域与新系统中有区别？

答：请在新系统中补全三级技术领域。

（38）注册时系统提示用户名已存在和企业已存在有何区别？

答：用户名已存在：这个用户名被别人注册过，用户更换一个用户名注册即可；企业已存在：表明该企业已经被注册，可以联系认定机构进行查询和处理。

（39）企业使用原有高新技术企业系统进行过更名，而登录新高新技术企业系统时却显示为更名前的旧名称？

答：如果企业在新系统中出现名称未更改的情况，请在新系统中重新进行更名。

（40）企业在提交认定申报材料时选择认定机构下拉框为空，没有出现要提交的认定机构名字怎么办？

答：这是因为认定机构在认定工作授权的权限配置中对操作员进行了本部门不接受材料的配置，请联系当地认定机构进行核实。